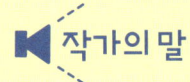 작가의 말

인물들의 화려한 업적만 보면, '실수' 하고는 거리가 멀 것 같지만 그들도 우리와 다를 바 없어요. 사람은 '실수의 동물'이니까요.

실수가 꼭 나쁜 것만은 아니에요. 도리어 매력이 될 수도 있어요.
여기 실수에 관한 흥미로운 실험이 있어요. 퀴즈 쇼를 시작하기 전에 두 사람을 인터뷰했어요. 한 사람은 완벽하게 인터뷰를 마쳤고, 다른 한 사람은 인터뷰 도중에 음료를 엎질렀어요. 퀴즈 쇼가 시작되고 관중들은 누구를 더 응원했을까요? 실수를 했던 사람이 정답을 맞힐 때 더 크게 환호했어요.

사람들은 완벽한 것보다 약간 빈틈이 있는 사람을 더 좋아하는 경향이 있어요. 그 사람의 모자란 부분에서 오히려 인간적인 매력을 느끼는 거죠. 이 책을 읽고 나면 여러분도 역사적 인물들에게 친근감을 느낄 거예요.

우리 주변에는 실수로 발명된 것들이 의외로 많아요. 항생제로 쓰여 수많은 사람의 목숨을 구했던 페니실린도 배양기의 뚜껑을 닫지 않은 실수가 없었다면 발명되지 못했을 거예요. 강력한 접착제를 만들려다 실수로 접착력이 약한 접착제를 만든 게 지금의 포스트잇이 되었죠. 이것이 바로 '실수 효과'예요. 실수를 통해 알지 못했던 사실을 알게 되는 것, 그리고 새로운 것을 배울 수 있는 것!

어린이 여러분 중에 혹시 과거의 어떤 실수 때문에 아직도 괴로워하며 자신을 탓하는 사람이 있나요? 그렇다면 그만 용서하세요. '실수한 나를 용서합니다.' 하고 내 마음속에 SNS를 보내세요. 그리고 지금 있는 그대로의 내 모습을 사랑하세요. 훗날 그때 그 실수로 인해 부쩍 성장한 나 자신을 보게 될 거예요.

인간의 실수야말로 인간을 진정으로 사랑스럽게 만든다. －괴테－

실수쟁이 어른 최옥임

유쾌하고도 황당한 역사적 인물 27인의 실수 엿보기!

역사적 인물들의 시점에서 보는 SNS와 '톡' 이야기!

실수와 관련된 지식도 콕콕 짚고 넘어가자.

이런 일도 있었대!
또 다른 뒷이야기를 들을 수 있어요.

어떻게 됐을까?
실수 이후에 어떻게 됐는지 알 수 있어요.

콕콕 짚고 가자!
어려운 부분을 쉽게 풀어서 알려 줘요.

인물의 업적과
일대기도 놓칠 수 없지!

◎ 이 책에 등장하는 SNS와 '톡'의 내용은 어린이들의 이해를 돕기 위해 역사적 사실에 기반하여 현대적으로 꾸며 낸 것입니다. 실제로 인물들이 쓴 게시물과 나눈 대화가 아님을 알려드립니다.

◎ 한국 인물은 세는나이(태어난 해를 한 살로 삼고 새해 첫날에 한 살씩 더하는 방식), 세계 인물은 연 나이(해당 연도에서 출생 연도를 뺀 방식)로 표기했습니다.

이런 모습은 반전이야!

정조 신하들에게는 욕쟁이 왕이었다고? ··· 10
정약용 활을 쏴서 단 한 발도 맞히지 못했다고? ··· 14
알베르트 아인슈타인 천재 과학자가 자기 집도 못 찾아간다고? ··· 18
에이브러햄 링컨 자신의 결혼식에 가지 않았다고? ··· 22
토머스 에디슨 약속한 돈을 주지 않았다고? ··· 26
김구 아버지 숟가락으로 엿 바꿔 먹었다고? ··· 30
스티븐 호킹 과학 내기에서 번번이 졌다고? ··· 34

뼈아픈 실수

미켈란젤로 부오나로티 독설하다 친구한테 맞아서 코뼈가 부러졌다고? ··· 38
알프레드 노벨 발명품 때문에 동생을 잃었다고? ··· 42

어디로 튈지 모르겠어!

게오르크 프리드리히 헨델 가수를 창밖으로 던지려 했다고? ··· 46
어니스트 헤밍웨이 전쟁터에서 제멋대로 위험한 행동을 했다고? ··· 50
살바도르 달리 전시회에 잠수복을 입고 나타났다고? ··· 54

전화위복이 되었어

프란츠 요제프 하이든 공연 중에 오케스트라 단원들을 퇴장시켰다고? ··· 58
유일한 배달하다가 건물을 들이받았다고? ··· 62

얼굴이 뜨거워지는 실수
방정환 바지에 실례를 했다고? ··· 66
빌 게이츠 신제품을 시연하는데 블루스크린이 떴다고? ··· 70

주변 사람이 힘들어
세종 고기 없으면 밥을 안 먹는 편식 대왕이라고? ··· 74
루트비히 판 베토벤 가정부가 수시로 바뀌었다고? ··· 78
한스 크리스티안 안데르센 다 큰 어른이 잔디에 엎드려 징징댔다고? ··· 82
빈센트 반 고흐 친구랑 밤새도록 싸웠다고? ··· 86
이중섭 그림 팔아 번 돈을 다 날렸다고? ··· 90
스티브 잡스 몸에서 구린내가 나는 채식주의자라고? ··· 94

한 우물은 너무 좁아
레오나르도 다빈치 레오나르도 다빈치가 요리사라고? ··· 98
마이클 조던 농구 황제 마이클 조던이 야구 선수였다고? ··· 102

이대로 끝이라고?
장영실 왕이 탈 가마가 부서졌다고? ··· 106
안토니 가우디 허름한 차림 때문에 병원에 안 데려갔다고? ··· 110
마리 퀴리 방사능 물질을 주머니에 넣고 다녔다고? ··· 114

이런 모습은 반전이야!

정조(1752~1800)

신하들에게는 욕쟁이 왕이었다고?

♥ 💬 ✈ 놀라워요 **10,958,039개**　　　　　　　　　🔖

정조 #좋은 임금 #반전 #다혈질 #욕쟁이 #욕스타그램
이 버릇없는 놈! 요즘 하는 꼴을 보니 본색이 보인다, 보여!

　　조선의 제22대 왕 정조는 조선을 대표하는 어질고 덕이 뛰어난 임금이야. 하지만 뜻대로 되지 않는 일이 있으면 쉽게 흥분하고, 신하들에게 욕을 퍼붓기도 했지. 이러한 정조의 반전 면모는 심환지와 주고받은 수백 통의 비밀 편지에서 드러났어. 지금으로 치면 야당의 우두머리인 심환지에게 편지를 보내 신하들에 대한 정보를 모으고, 나라를 다스리는 일에 협조를 구했던 거야. 과연 정조는 심환지와 어떤 이야기를 나눴을까?

소곤소곤~ 뒷이야기

정조: 간밤에 잘 있었는가?

심환지: 네, 전하. 옥체는 평안하게 주무셨사옵니까?

정조: 화가 나서 새벽녘에야 잠이 들었다. 김이영*은 경박하고 멍청하여 동서 구분을 못해. 김매순**은 젖비린내 나고 사람 꼴도 못 갖춘 놈이네. 그것들이 감히 입을 놀리다니!

심환지: 전하, 고정하시옵소서.

정조: 우리 손발을 좀 맞춰야겠네. 회의에서 내가 노론 신하를 벌줄 것일세. 그럼 같은 파인 경이 반대하는 시늉을 하시게. 내가 경을 파직시켰다가 때를 봐서 복직시켜 주겠네.

심환지: 네, 전하 분부대로 하겠나이다.

정조: 나의 말을 잘 이해했구려, ㅋㅋ***. 참, 부인은 다 나았는가? 삼 뿌리를 보내니 약으로 쓰시게.

심환지:  정온이 망극하옵니다!

콕콕 짚고 가자!

*1799년 김이영은 죽은 호론의 우두머리에게 더 높은 벼슬을 달라는 상소를 올렸어.

**그 상소를 맹렬히 비판한 사람이 24세의 젊은 학자 김매순이었어. 이 일로 호론과 낙론의 대립이 더욱 심해지자 정조가 폭발하고 만 거야.

어떻게 됐을까?

***정조의 편지에는 '가가(呵呵)'라는 표현이 많은데, 이것은 웃음소리 '껄껄'을 뜻해. 지금으로 치면 'ㅋㅋ'와 같지. 이렇게 재치 있는 정조는 심환지를 욕하기도 했지만, 때로는 음식과 약재를 보내며 챙겼어. 심환지는 정조가 죽자, 옆에서 말리기 힘들 정도로 울었다고 해.

그래도 이건 최고야!

새로운 조선을 만들고자 했던 **정조의 개혁 정치**

정조의 아버지 사도 세자는 붕당* 싸움에 희생되어 뒤주에 갇혀 죽은 비운의 왕세자야. 아버지의 역사를 아는 정조는 그 죽음과 관련된 신하들에게 복수할 수도 있었지만, 그렇게 하지 않았어. 대신 어지러운 나라를 바로잡고, 백성들이 살기 좋은 나라를 만들기 위해 여러 가지 개혁을 펼쳤지.

*붕당: 조선 시대에 정치적 의견이 같은 사람들의 모임으로, 오늘날의 정당과 비슷함

세종과 정조의 공통점

세종

정조

- 백성의 말에 귀 기울이고, 약자를 보살핀 어진 임금

- 세종은 '집현전', 정조는 '규장각'이라는 학문 연구 기관 운영

- 지독한 독서광

- 당파의 구분 없이 인재를 고루 뽑는 탕평책을 펼침

- '시전'이라는 특별한 시장만 장사를 할 수 있는 '금난전권'을 없애 누구나 장사를 하도록 함

- 도망간 노비를 잡아들이는 노비 추쇄법을 없앰

- 새로운 정치를 펼치기 위해 노론의 근거지인 한양을 벗어나 신도시 수원에 수원 화성을 건축함

상업이 발달했어!

링컨보다 60년 먼저 노비 제도 개혁을 했어!

수원 화성은 유네스코 세계 문화유산이야!

정조의 일대기

1752 사도 세자와 혜경궁 홍씨 사이에서 태어남

1759 왕세손에 책봉

1776 • 조선의 제22대 왕이 됨 • 규장각 설치

1778 노비 추쇄법 폐지

1781 젊은 관리들을 규장각에서 다시 교육하는 초계문신 제도 실시

1785 모든 법령을 통합한 《대전통편》 편찬

1791 금난전권 폐지

1793 왕의 호위 부대 장용영을 키워 왕권 강화

1796 • 수원 화성 완공 • 심환지와 비밀 편지를 주고받음

1800 49세에 병과 과로로 승하

정조의 가족 관계도

할아버지 영조 — 조선 제21대 왕
할머니 영빈 이씨
정빈 이씨 ---- 영빈 이씨
정성 왕후 ---- 정순 왕후

양아버지 효장 세자(진종) (10세에 사망)

1762년에 사도 세자가 죽자, 영조는 정조를 맏아들 효장 세자의 양아들로 삼아 왕위를 계승함

아버지 사도 세자 (장조)
어머니 혜경궁 홍씨

정조 조선 제22대 왕
의빈 성씨 ----
부인 수빈 박씨

첫째 아들 문효 세자 (5세에 홍역으로 사망)
둘째 아들 순조 — 조선 제23대 왕
숙선 옹주

사도 세자는 왜 뒤주에 갇혀 죽었을까?

사도 세자와 사이가 좋지 않았던 노론 신하들은 영조에게 사도 세자가 반역을 꾀했다고 거짓 밀고를 했어. 평소 사도 세자의 방탕함을 못마땅히 여기던 영조는 사도 세자를 뒤주에 가뒀고, 결국 8일 만에 숨을 거뒀지.

이런 모습은 반전이야!

정약용 (1762~1836)

활을 쏴서 단 한 발도 맞히지 못했다고?

♥ 💬 ✈ 힘내요 2,150개   🔖

정약용 #I♥정조 #정조♥me #규장각 활쏘기 대회 #무예스타그램
제발 단 한 발이라도 맞아라! 스파르타 훈련은 싫어! 휴, 공부가 제일 쉬웠어.

　　정약용은 조선의 제22대 왕인 정조가 총애한 학자야. 1791년, 창덕궁에서 열린 활쏘기 대회에 규장각 관리들이 모두 참여했지. 그런데 정약용은 한 발도 못 맞히고 꼴찌를 하고 말아. 정조는 활쏘기 성적이 안 좋은 정약용과 관리들을 훈련도감*에 보내 매일 화살 100발을 쏴서 다섯 발 중 한 발은 맞혀야 풀어 줬는데…. 정약용은 과연 훈련도감에서 풀려날 수 있을까?

*훈련도감: 도성 수비와 군인들의 훈련을 맡았던 관청

🗨 소곤소곤~ 뒷이야기

정약용
전하, 전하! ♥

정조
어화둥둥, 내가 가장 예뻐하는 그대 아닌가. 오늘은 몇 발이나 명중했나?

정약용
저 이제 활쏘기의 달인이에요! 다섯 발 중에 세 발도 맞혀요!

정조
장하구나! 이제 조건 없이 하루에 딱 100발만 쏘고, 나머지 시간은 공부를 하여도 좋다!

정약용
그럼 저는 언제 훈련도감에서 나갈 수 있나요?

정조
열흘만 열심히 훈련하면 풀어 주지! 자네가 문무**를 겸비하고 육예***를 갖춘 것 같아 뿌듯하네!

정약용
제가 안 해서 그렇지, 했다 하면 뭐든 잘합니다.

정조
축하 선물이네.

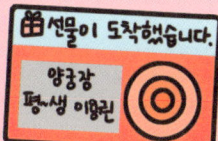
선물이 도착했습니다.
양궁장 평생 이용권

정약용
저는 책 선물이 제일 좋은데….
(구시렁구시렁.)

콕콕 짚고 가자!

**문무는 학문적 지식과 군사적 책략을 아울러 이르는 말이야. 조선 시대에는 군사 지휘법 등의 시험을 치른 무관보다는 유교 경전에 대한 지식 시험을 치른 문관을 우대했지.

***육예는 선비가 가져야 할 덕목으로, 예의범절, 음악, 활쏘기, 말타기, 서예, 수학 등 여섯 가지를 말해.

어떻게 됐을까?

정조는 관리가 학문만 중요시하고 무예를 멀리하면 나라를 올바르게 이끌 수 없다고 여겼어. 문관이었던 정약용은 학문적으로 뛰어났지만 활쏘기와 말타기는 꼴찌였지. 그러나 정조의 특별 훈련 덕분인지 나중에는 실력이 많이 나아졌어.

정약용의 업적에 대한 별점 평가

정조 — 수원 화성 설계

▲수원 화성 장안문

★★★★★ 조선 최고의 건축가!

수원 화성 설계를 정약용에게 맡기길 잘했어. 중국의 건축술과 서양의 과학 기술까지 참고해서 아주 과학적이더군. 게다가 아름답기까지. 완벽해, 완벽해! 역시 내가 신하 복이 있어. 껄껄!

백성 — 거중기 발명

▲《화성성역의궤》

★★★★★ 거중기 덕에 공사 기간 단축!

거중기가 도르래의 원리로 만든 기계라는데, 적은 힘으로도 큰 돌을 번쩍 들어 올리는 걸 보니 그렇게 신통할 수가 없어요. 덕분에 공사 기간이 10년에서 2년 반으로 줄었대요!

신임 수령 — 《목민심서》 편찬

▲《목민심서》

★★★★★ 수령들의 필독서!

《목민심서》가 지방 관리로서 지켜야 할 덕목과 지침을 쓴 책이잖아요. 부임 첫날 행차 방법부터 세금 거두기, 흉년 대처법까지 아주 자세해요. 책에 나온 대로 백성들을 잘 돌보았더니 인기 최고예요!

하옥된 전직 수령 — 똑소리 나는 암행어사

★★★☆☆ 내 신세를 생각하면 별 한 개도 아깝지만 책임감 하나는 인정!

연천 고을을 다스릴 때 세금을 좀 꿀꺽했는데 그걸 귀신같이 알아내 날 파직시켰어요. 호랑이 같은 암행어사를 만나서 완전히 망했어요!

정약용의 일대기

1762
지금의 경기도 남양주에 있는 마재에서 넷째 아들로 태어남

?
10세 이전에 쓴 시를 모아 《삼미자집》을 묶어 냄

1783
- 예비 과거 시험인 소과에 합격하여 성균관* 입학
- 이후 정조의 눈에 들어 자주 불려 가 시를 지음

*성균관: 조선 시대에 유학을 가르치던 기관

1789
과거에 합격하여 왕실 도서관인 규장각에서 학문 연구

정조가 승하하면서 시련이 닥침

1800

1794
경기도 암행어사로 활약하며 각종 비리 고발

1792
'거중기'를 만들어 수원 화성 건축에 기여

1801
천주교를 믿었다는 이유로 전라도 강진으로 귀양

귀양살이를 하는 동안 정약용은 《목민심서》를 비롯해 500권이 넘는 책을 썼어.

1808
- 산기슭의 작은 정자로 집을 옮기고 그 집을 '다산 초당'이라 이름 지음
- 다산 초당에서 제자를 가르치고 책을 쓰는 데 몰두(이때부터 정약용의 호는 '다산'이 됨)

1818
18년 동안의 귀양살이를 끝내고 고향으로 돌아옴

1836
75세에 세상을 떠남

이런 모습은 반전이야!

• 알베르트 아인슈타인 (1879~1955)

천재 과학자가 자기 집도 못 찾아간다고?

황당해요 2,503,891개

아인슈타인 #우리 집 좀 찾아 줘 #여긴 어디 나는 누구 #미아 신세
우리 집 어떻게 가는지 아시는 분? 상대성 이론쯤은 식은 죽 먹기인데 집 찾는 건 너무 어려워.

   아인슈타인은 네 살이 되도록 말을 못했고, 아홉 살이 되어서도 말이 어눌해서 겨우 대화할 수 있을 정도였어. 어른이 되고도 혼자서는 구두끈을 제대로 매지 못했지. 하지만 전공 분야에서만큼은 뛰어난 능력을 발휘했어.
   아인슈타인은 노벨상을 받고 몇 년 후, 미국의 프린스턴 대학교에서 교수로 있을 때부터 세상을 떠날 때까지 한 집에 살았어. 그런데 그 집을 못 찾아서 종종 다른 집에 들어가곤 했지. 아인슈타인의 건망증은 어느 정도였던 걸까?

🌱 소곤소곤~ 뒷이야기

아인슈타인
여보, 나 퇴근하는 길인데 집을 못 찾겠어요.

아내 엘사
또 길거리에서 방황하고 있어요? 한두 번도 아니고, 휴!

아인슈타인
집 주소나 빨리 알려 줘요.

아내 엘사

머셔 거리 112번가! 이 쉬운 걸 못 외워요?

아인슈타인
머셔 거리 112번가! 알았어요.

아내 엘사
또 엉뚱한 집에 들어가기만 해 봐요. 동네 창피해서 원!

못 찾겠으면 전화해요, 나갈게요.

에구, 머리야~

아인슈타인
근데 우리 집 전화번호가 몇 번이더라?

아내 엘사

당신 건망증은 정말 못 말려! 그 어려운 물리학 공식은 잘도 풀면서 몇 자리 전화번호를 못 외워요?

못살아~!

어떻게 됐을까?

아인슈타인이 집을 못 찾는 일이 자주 생기자 동료들은 약도를 그려서 들고 다니라고 권유했어. 그렇지만 그 후로도 나아지지 않았지.
평생 자기 집 전화번호도 외우지 못했는데, 집에 전화를 걸 때는 전화번호부를 뒤져야만 했지.

이런 일도 있었대!

어느 날 아인슈타인이 기차표를 잃어버려 허둥지둥 찾고 있었어. 아인슈타인을 알아본 차장이 표 검사를 하지 않겠다고 말했지. 아인슈타인은 이렇게 대답했어.
"고맙습니다. 하지만 기차표를 꼭 찾아야 합니다."
차장이 이유를 묻자, 아인슈타인이 하는 말!
"기차표를 봐야 내가 어딜 가는지 알 수 있으니까요."

📢 그래도 이건 최고야!

20세기의 가장 위대한 과학자, **아인슈타인**

아인슈타인은 평생을 자연의 법칙에 대해 연구했어. 빛, 시간과 공간, 우주에 대해 그가 남긴 이론은 오늘날 우리 생활을 더욱 편리하게 만들었지.

대표적으로 GPS 장치는 상대성 이론이 없으면 불가능한 기술이야. GPS가 없다면 항공기의 자동 항법 장치나 스마트폰의 지도 앱도 만들 수 없었겠지?

우리가 편하게 쓰고 있는 아래 기계도 모두 아인슈타인의 이론에서 비롯되었어.

자동문

복사기

지문 인식

디지털카메라

리모컨

텔레비전

태양 전지

아인슈타인의 일대기

1879 독일 울름에서 유대인으로 태어남

1894 고등학교 중퇴

1895 스위스의 고등학교에 재입학

1896 스위스 취리히 연방 공과 대학교에서 물리학 공부 시작

1902 스위스 특허청에서 심사관으로 일함

1905 특수 상대성 이론 논문 발표

1912 스위스 취리히 연방 공과 대학교의 교수가 됨

1916 특수 상대성 이론을 보완한 일반 상대성 이론* 발표

*일반 상대성 이론은 중력이 시공간을 구부린다는 개념이야. 당시에는 너무 새로운 생각이어서 물리학자들도 이해하기 어려웠지.

1919 빛이 휘어진 일식 사진으로 일반 상대성 이론 증명

1921 노벨 물리학상 수상

노벨상은 빛을 비추면 금속에서 전자가 튀어나온다는 광전 효과를 설명한 공로로 받았어.

1933 나치의 유대인 탄압이 심해지자 독일을 떠나 미국으로 망명

1939 미국 대통령에게 독일의 원자 폭탄 개발을 알리며 대응 촉구

1952 이스라엘의 대통령이 되어 달라는 요청 거절

1955 76세의 나이로 눈을 감음

에이브러햄 링컨 (1809~1865)
자신의 결혼식에 가지 않았다고?

슬퍼요 2,240,169개

링컨 #메리 토드 #약혼 #후회 #공포의 결혼식 #갈까 말까
이 결혼을 꼭 해야 할까? 메리와 결혼하면 불행할 게 뻔한데. 이를 어쩌면 좋지?

　미국의 제16대 대통령인 링컨은 가장 위대한 대통령으로 손꼽혀. 하지만 링컨의 결혼식만큼은 결코 위대하지 않았지.
　링컨은 메리 토드와 결혼을 약속했어. 하지만 메리의 불같은 성격과 쏟아지는 잔소리 때문에 이내 결정을 후회했지. 마침내 1841년 1월 1일 결혼식 날, 스프링필드의 유명 인사들이 모여들었어. 하지만 신랑은 끝내 나타나지 않았지. 링컨은 그 시간 어디서 뭘 하고 있었을까?

소곤소곤~ 뒷이야기

메리 토드: 언니, 이제 어떡해. 사람들이 날 얼마나 비웃겠어.

에드워즈 언니: 뭐라고 위로를 해야 할지 모르겠구나, 토닥토닥.

메리 토드: 링컨을 절대 용서할 수 없어. 나타나기만 해 봐, 내가 가만히 두나.

에드워즈 언니: 사람들이 찾아 나섰으니 소식이 있겠지. 링컨이 갈 만한 곳은 다 찾아본다고 했어.

메리 토드: 난 링컨과 반드시 결혼할 거야! 링컨은 장차 대통령이 될 사람이거든. 난 영부인이 되는 거고!

에드워즈 언니: 저기, 메리…. 링컨이 너랑 결혼하고 싶은 마음이 없는 거라면 자유롭게 놓아주는 게 어때?

메리 토드: 언니! 내 언니 맞아?

어떻게 됐을까?

사람들은 날이 밝을 무렵에야 링컨을 발견했어. 자신의 사무실에서 실성한 사람처럼 횡설수설하고 있었지. 그 후 2년이 되어 갈 무렵, 아는 사람의 집에 초대받은 링컨을 기다리고 있던 건 메리였어. 메리는 결혼 약속을 깨는 것은 도리에 어긋난다며 다시 결혼할 것을 강요했지. 링컨은 결국 메리의 뜻을 받아들였어.

이런 일도 있었대!

링컨과는 다르게 부잣집에서 태어난 메리는 미국의 대통령이 될 사람과 결혼할 것이라는 이상한 믿음이 있었대. 그래서인지 링컨의 가능성을 알아봤고, 그 믿음은 실제로 이루어졌지. 메리는 결혼 후에도 과격한 행동과 사치를 일삼아 비난받았어. 그래도 링컨은 인내심을 가지고 23년간 메리에게 헌신했다고 해.

그래도 이건 최고야!

흑인 노예를 해방하고, 미국을 하나로 통일한 대통령

▲ 링컨의 노예 해방 선언문

국민의, 국민에 의한, 국민을 위한 정치는 이 땅에서 영원히 사라지지 않아야만 합니다.

▲ 링컨 기념관에 있는 동상

"1863년 1월 1일부터 노예로 예속되어 있는 모든 이들은 영원히 자유의 몸이 될 것이다. 육해군 당국을 포함한 미국 행정부는 그들의 자유를 인정하고 지킬 것이며, 그들이 진정한 자유를 얻고자 노력하는 데 어떠한 제한도 가하지 않을 것이다."

1863년 11월 19일, 링컨은 게티즈버그 국립묘지에서 연설을 해. 5분도 되지 않는 짧은 연설이었지만 링컨이 남긴 말은 모든 사람들에게 감동을 주었어.

특히 '국민의, 국민에 의한, 국민을 위한 정치'라는 말은 민주주의 정신을 가장 간결하게 나타내며, 오늘날에도 자주 쓰이고 있어.

노예 해방 선언이 있고 140여 년 후 미국 최초의 흑인 대통령이 당선되었어. 바로 미국 제44대 대통령 버락 오바마야. 오바마는 대통령 당선 연설에서 이렇게 말해.

"미국이 오늘날보다 훨씬 더 분열되어 있었을 때 링컨이 말했듯이, 우리는 적이 아니라 친구이고 동지입니다."

링컨의 일대기

1809 미국 켄터키주의 통나무집에서 태어남

1827 오하이오강의 나룻배 사공으로 일함

1831 뉴올리언스에서 노예 시장을 보고 충격을 받음

1834 미국 일리노이주 의원에 당선

주 의원이 된 이후 3년 동안 독학해서 변호사가 됨

1841 메리 토드와의 결혼식에 나타나지 않음

1842 메리 토드와 결혼

1860 공화당 후보로 나가 대통령 당선

1861 미국 역사에서 가장 불행했던 남북 전쟁* 발발

*남북 전쟁은 노예 해방에 찬성하는 미국 북부 지방 사람들과 반대하는 남부 지방 사람들 사이에 일어난 전쟁이야.

1863 노예 해방 선언으로 반대편인 남부 지방의 비난을 받으며 전쟁은 더욱 치열해짐

1864 다시 대통령에 당선

1865
- 약 4년 동안의 남북 전쟁이 끝남
- 전쟁이 끝난 며칠 후, 남부 지방의 청년이 쏜 총에 맞아 세상을 떠남

토머스 에디슨 (1847~1931)

이런 모습은 반전이야!

약속한 돈을 주지 않았다고?

♥ 💬 📍 너무해요 8,981개   🔖

에디슨 #에디슨 VS 테슬라 #직류 VS 교류 #전류 전쟁 #교류 반대
테슬라의 교류 전기 방식은 몇 초 만에 코끼리가 감전되어 죽을 만큼 위험해요! 안전한 직류가 최고!

    에디슨은 자신의 발명품과 관련된 사업을 운영하는 데 탁월한 능력을 가진 발명가이자 기업가였어. 승승장구하던 에디슨이 인생 최대의 라이벌을 만났는데, 자신의 연구소에 입사한 젊은 연구원 테슬라였지. 에디슨과 테슬라는 작은 사건으로 갈라서서 각각 직류와 교류 전기 방식을 내세우며 이른바 전류 전쟁을 일으켜. 에디슨은 이 전쟁에서 이기려고 교류 전기를 이용해 조련사를 죽인 코끼리를 감전시키기도 했지. 과연 어떤 사건이 두 사람을 갈라서게 만들었을까?

무슨 일이 있었을까?

콕콕 짚고 가자!
*니콜라 테슬라(1856~1943)는 직류보다 전류 방향과 전압을 바꿀 수 있는 교류가 더 좋다고 주장했어. 하지만 에디슨이 관심을 보이지 않자, 자신의 능력을 입증하기 위해 직류 발전기의 단점을 고쳐 회사에게 이익을 주겠다고 한 거야.
**5만 달러는 현재 우리나라 가치로 약 140억 원이야.

어떻게 됐을까?
이 일로 테슬라는 에디슨 연구소를 뛰쳐나와 교류 방식에 필요한 기계들을 발명했어. 결국, 1893년 시카고에서 열린 만국 박람회와, 1895년 나이아가라 폭포에 세워진 세계 최초 수력 발전소에서 교류 방식이 사용되며 전류 전쟁은 테슬라의 승리로 끝났어.

그래도 이건 최고야!

세상을 바꾼 에디슨의 발명품

에디슨은 무려 1,093개의 특허를 가진 천재 발명가야. 축전지, 냉장고, 세탁기, 청소기, 토스트기, 전기 선풍기, 전기난로, 전기다리미, 어린이용 침대, 말하는 인형 등 2천 가지가 넘는 발명품은 우리의 생활을 편리하고 윤택하게 만드는 데 큰 기여를 했지.

축음기로 언제 어디서든 음악을 들을 수 있는 오디오 문화가 시작되다!

최초로 소리를 기록하고 다시 들려주는 장치야. 에디슨이 가장 아끼는 발명품이지.

백열전구로 인류의 밤을 밝히다!

최초의 탄소 필라멘트 전구야. 원시 시대 때 발견한 불 이후로 '인류가 발견한 두 번째 불'이라 불릴 만큼 대단한 발명이었지.

소리 / 빛 / 영상

천재는 1%의 영감과 99%의 노력으로 이루어진다.

난 천재!

영사기로 문화의 대혁명을 일으키다!

영화의 시초! '키네토스코프'.
한 명씩 기계 안을 들여다보도록 만들어진 영사기야.

에디슨의 일대기

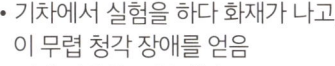
- 기차에서 실험을 하다 화재가 나고, 이 무렵 청각 장애를 얻음
- 역장 아들을 구한 대가로 전신 기술을 배워 이듬해 전신 기사가 됨

1847 미국 오하이오주에서 태어남

1854 학교에 입학한지 3개월 만에 이상한 질문을 한다는 이유로 퇴학낭함

1859 집이 가난하여 12세부터 기차에서 신문과 간식 판매

1862

1868 전기 투표 기록기를 발명해 첫 특허를 받음

1876
- 멘로 파크 연구소 설립
- 현대식 전화기의 시초인 탄소 송화기 발명

1877 축음기 발명

1879 백열전구 발명

1882 최초의 중앙 발전소 설립

1884 멘로 파크 연구소에서 테슬라와 만나고 결별

1889 키네토스코프 발명

1892 세계 최대의 전기 소비 기구 회사인 제너럴 일렉트릭(GE) 설립

1893 영화 스튜디오 '블랙 마리아'를 세워 전 세계 영화 산업의 시초가 됨

1909 알칼리 축전지를 개발해 포드 자동차에 장착

1915 노벨 물리학상 후보로 테슬라와 함께 올랐지만, 두 사람 모두 공동 수상 거부

1929
- 백열전구 발명 50주년 기념행사
- 에디슨 박물관 개관

1931 84세에 세상을 떠남, 미국 전역에서 1분간 전등을 끄고 에디슨의 죽음 애도

이런 모습은 반전이야!

김구(1876~1949)
아버지 숟가락으로 엿 바꿔 먹었다고?

좋아요 95,150개

김구 #혼자 먹는 엿 #꿀맛 #인생 단맛 #맛스타그램
아버지께 혼날 땐 혼나더라도 일단 맛있게 먹고 보자. 짭짭! 엿 너무 달콤해.

어린 시절 김구는 소문난 개구쟁이였어. "엿 사세요! 찌그러진 냄비나 헌 숟가락 다 받아요." 집에 혼자 있던 김구는 엿장수 소리에 눈이 번쩍 뜨였지만, 가난한 살림이라 바꿀 게 없었어. 김구는 잔꾀를 부려 아버지 숟가락을 두 동강 내어 헌 숟가락으로 만들었지. 하지만 엿장수가 사내아이의 고추를 떼어 간다는 이야기가 생각나 창호지에 구멍을 내고 그 사이로 숟가락과 엿을 바꿔 먹었어. 잠시 후 아버지가 집에 돌아왔을 때 과연 김구는 어떻게 했을까?

🐰 소곤소곤~ 뒷이야기

창암* 아빠: 아들? 입에 문 그 엿 어디서 난 거니?

어린 김구: 아, 아빠! 죄송해요. 한 번만 용서해 주세요.

창암 아빠: 네 이놈! 내 숟가락으로 엿 바꿔 먹었구나. 문에 구멍도 네가 낸 거지?

어린 김구: 네, 고추도 안 떼이고 맛있게 먹었으니 일석이조예요!

창암 아빠: 아이고! 그래, 혼자 먹으니 달더냐?

어린 김구: 네! 엄청 달았어요.

창암 아빠: 솔직하게 말했기 때문에 한 번만 봐주마. 다음에 또 그러면 혼날 줄 알아라. 그나저나 이제 무엇으로 밥을 먹나, 쩝!

어린 김구: 이가 없으면 잇몸으로 산다는 속담도 있잖아요. 어떤 나라에서는 손으로 밥을 먹는대요.

창암 아빠: 말이나 못하면!

콕콕 짚고 가자!

*김구의 어린 시절 이름은 '창암'이야. '구'라는 이름은 열 명이 있으면 아홉 번째에 해당하는 사람이 되겠다는 겸손의 뜻으로 아홉 구(九)를 써 바꾼 거야. '백범'이라는 호는 천민인 '백정'과 평범한 사내를 뜻하는 '범부'에서 한 글자씩 따왔어. 독립하려면 백정과 범부까지 애국심을 가져야 한다는 의미이지.

이런 일도 있었대!

김구가 어린 시절에는 엿이 최고의 간식이었어. 엿장수의 가위질 소리에 온 동네 아이들이 고물을 챙겨 모여들 정도였으니까.
엿 사건이 있고 얼마 뒤에 김구는 아버지가 이불 속에 넣어 둔 엽전을 몽땅 들고 떡을 사 먹으려다가 들켰지 뭐야. 결국 아버지에게 흠씬 두들겨 맞았지.

그래도 이건 최고야!

나라를 위해 삶을 바친 위대한 지도자

김구는 평등한 세상을 만들려던 동학 농민 운동을 지휘했고, 일본에게 나라를 빼앗긴 뒤에는 국내외에서 독립의 지도자로 활발히 활동했어. 그런 김구의 마음가짐이 담긴 어록을 살펴보자.

▲ 김구의 자서전 《백범일지》

"네 소원이 무엇이냐?" 하고 하나님이 내게 물으시면, 나는 서슴지 않고 "내 소원은 대한 독립이오." 대답할 것이다. "그다음 소원은 무엇이냐?" 하면, 나는 또 "우리나라의 독립이오." 할 것이요. 또 "그다음 소원이 무엇이냐?" 하는 세 번째 물음에도, 나는 더욱 소리를 높여서 "나의 소원은 우리나라 대한의 완전한 자주독립이오." 하고 대답할 것이다.
-《백범일지》중에서-

나에게 한 발의 총알이 있다면 일본 사람보다 나라와 민주주의를 배신한 매국노, 변절자를 100번 1,000번 먼저 처단할 것이다. 왜? 일본 사람보다 더 무서운 적이니까!

통일 조국의 문지기가 되어 뜰을 쓸고 창을 닦고 싶다.

나는 우리나라가 세계에서 가장 아름다운 나라가 되길 원한다. 가장 부강한 나라가 되길 원하는 것이 아니다. 우리가 남의 침략에 아팠으니, 내 나라가 남을 침략하는 것을 원치 아니한다.
-백범 김구 기념관 입구에 쓰인 글-

눈길을 걸어갈 때 어지럽게 걷지 말기를. 오늘 내가 걸어간 길이 훗날 이 길을 걸어갈 사람의 이정표가 되리니.

김구의 일대기

1876 황해도 해주에서 태어남

1894~1895 동학 농민 운동에 참가하여 동학군 지휘

1896 명성 황후를 죽인 원수라는 의심이 들어 일본인을 죽임. 이 일로 감옥에 갇혔다가 2년 뒤 탈옥하여 승려가 됨

1905 을사조약* 무효 투쟁을 벌이는 등 국권 회복 운동을 함

*을사조약: 1905년에 일본이 한국의 외교권을 빼앗기 위해 강제적으로 맺은 조약

1908 비밀 결사 조직 '신민회'에 가입하여 이후 황해도 간부로 활동

1911
- 일본의 독립운동 탄압으로 체포
- 5년간 감옥살이 중에 호를 '백범'이라 지음

1919~1926 중국 상하이로 건너가 대한민국 임시 정부 수립에 참여

1926 제6대 대한민국 임시 정부 국무령에 취임

1930~1939
- 광복군 조직 활동
- 1932년 이봉창 의거와 윤봉길 의거를 주도

일본이 김구를 잡기 위해 내건 현상금은 60만원이었어. 지금으로 치면 100억이 넘는 금액이야. 김구는 일본이 겁낼 만큼 영향력 있는 인물이었어.

1940 대한민국 임시 정부 주석으로 선출

1945
- 광복을 맞아 귀국해 정치 활동을 함
- 미국과 소련이 대한민국을 대신 통치하는 '신탁 통치'에 반대 투쟁

1948
- 통일 정부 수립을 위해 활동함
- 평양을 방문하여 남북 협상

1949 육군 장교 안두희의 총탄에 74세의 나이로 숨을 거뒀지만, 그 배후는 아직까지 밝혀지지 않음

이런 모습은 반전이야!

• 스티븐 호킹(1942~2018)

과학 내기에서 번번이 졌다고?

좋아요 571,289개

스티븐 호킹 #킵 손 #내기 #백조자리 X-1 #블랙홀이다? #아니다?
'백조자리 X-1은 블랙홀이 아니다.'에 잡지 구독권을 건다!

    스티븐 호킹은 21살부터 근육이 점차 굳는 병을 앓았어. 그럼에도 불구하고 우주 탄생의 비밀을 밝히기 위해 블랙홀 연구를 계속했지.
    나중에는 목소리조차 낼 수 없었지만 유머를 잃지 않았어. 특히 과학적인 발견을 두고 수준 높은 지식 내기를 즐겼지. 1975년에 호킹과 친구 킵 손은 백조자리 X-1이라는 천체가 블랙홀이냐, 아니냐를 두고 내기를 했어. 호킹은 블랙홀이 아니라고 했고, 킵 손은 그 반대였지. 과연 누가 내기에서 이겼을까?

🙊 소곤소곤~ 뒷이야기

스티븐 호킹
킵 손*박사, 15년 전 내기 기억하나? 내가 졌어.

 킵 손
백조자리 X-1**에서 블랙홀에 존재하는 물질이 관측됐다는 소식을 자네도 들었군!

스티븐 호킹
하하, 그렇네. 자, 받으시오!

스티븐 호킹 님이 선물을 보냈습니다.

 [킵 손이 좋아하는 잡지 1년 구독권]

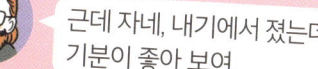

 **킵 손**
근데 자네, 내기에서 졌는데도 기분이 좋아 보여.

스티븐 호킹
내가 왜 블랙홀이 아니라고 했는지 알아? 백조자리 X-1이 블랙홀이라면 인류가 찾아낸 최초의 블랙홀이니 얼마나 기쁘겠어? 블랙홀이 아니라고 해도 내기에서 이길 수 있으니, 어느 쪽이어도 좋잖아!

 **킵 손**
껄껄, 역시 호킹 박사야.

콕콕 짚고 가자!

*킵 손(1940~)은 미국 캘리포니아 공과 대학교 교수를 지냈으며, 중력파 연구로 2017년 노벨 물리학상을 받았어. 영화 '인터스텔라'에 자문을 하기도 했지.
**1990년, 지구에서 약 6,000광년 거리에 있는 백조자리 X-1이 블랙홀이라는 증거가 관측되었어.

이런 일도 있었대!

스티븐 호킹은 그 뒤로도 과학적 이론을 가지고 두 번의 내기를 더 했지만, 모두 지고 말았어. 그때마다 호킹은 자신이 맞다고 우기는 대신 패배를 인정하고 약속했던 '야구의 모든 것'이라는 백과사전과 100달러의 돈을 각각의 상대에게 주었어.

그래도 이건 최고야!

장애를 이겨 낸 천재 물리학자 **스티븐 호킹**과의 대화

스티븐 호킹은 블랙홀의 비밀을 밝혀내 우주 물리학의 새 장을 열었어. 병으로 휠체어와 음성 합성기에 의지해야 했지만 연구를 멈추지 않았지. 그런 스티븐 호킹에 대한 궁금증을 풀어 보자.

Q 박사님! 병에 걸려서 좌절하지 않으셨나요?

↳ 나는 내 몸의 장애를 결코 불행하다고 생각하지 않는단다. 내가 만약 다른 사람들과 같았다면 우주 연구라는 힘들고도 즐거운 일을 해내지 못했을 거야.

Q 온몸의 근육이 마비되었는데 어떻게 말하고 글을 쓴 거예요?

↳ 우선 컴퓨터 화면에 수많은 글자를 흘려 주는 프로그램을 실행해. 그다음 안경과 연결된 뺨 스위치가 근육의 움직임을 읽지. 그때 안경에서 나오는 적외선 센서가 뺨 스위치의 움직임을 포착해 컴퓨터 프로그램에 전송하고, 커서를 움직여 필요한 단어에서 멈춰. 그런 방식으로 문장이 완성되면 음성 합성기가 음성으로 전환하는 거야.

Q 박사님의 휠체어에 숨겨진 비밀이 뭐예요?

↳ 휠체어 밑과 뒤에는 전압 조정기, 안경에 부착된 적외선 센서로부터 들어오는 신호를 받는 USB, 컴퓨터의 명령을 받아서 단어를 음성으로 바꿔 주는 음성 합성기 등이 장착되어 있어.

Q 블랙홀이 뭐예요?

↳ 생명을 다한 별이 폭발하면서 엄청난 힘을 내는 구멍이 생겨. 이 구멍이 블랙홀이야. 블랙홀은 주위의 모든 것을 빨아들이는 힘이 있어서 우주선은 물론 빛과 소리까지도 빨려 들어간다고 해.

Q 왜 노벨상을 받지 못했어요?

↳ 나의 가장 큰 업적은 '호킹 복사' 이론이야. 블랙홀이 빨아들이기만 하는 게 아니라 열 복사선을 내보내기도 한다는 주장이지. 그리고 이것을 수학적으로 입증했어. 하지만 관측이나 실험을 통해 밝힌 게 아니라서 노벨상을 받을 수 없는 거야. 노벨상은 실험적인 검증을 중요하게 생각하거든.

호킹 복사 이론
블랙홀이 방출하는 열 복사선

호킹의 일대기

1942 영국의 옥스퍼드에서 맏아들로, 몸이 약하게 태어남

1952 세인트 올번스 학교에 입학하지만 말을 더듬거림

1959 옥스퍼드 대학교에 장학생으로 입학해 물리학 전공

1962 케임브리지 대학교 대학원에서 우주론 공부

1963 루게릭병을 진단받음

1966 케임브리지 대학교 대학원에서 박사 학위를 받음

온몸이 굳고 머리가 기울어져 휠체어로만 움직일 수 있게 됨

1974
- 영국 왕립 학회 최연소 회원이 됨
- '호킹 복사' 이론 발표
- 킵 손과 백조자리 X-1을 두고 내기

1978 물리학계의 최고상인 아인슈타인상 수상

1980 저명한 학자에게만 주어지는 케임브리지 대학교의 루카시안 석좌 교수가 됨

1985 폐렴 수술 이후 목소리를 잃어 음성 합성기로만 의사소통함

1988 우주에 대한 지식을 쉽게 풀어 쓴 《시간의 역사》 발간 — 1,000만 부

2009 미국 대통령 자유 훈장을 받음

2018 케임브리지의 자택에서 76세의 나이로 눈을 감음

루게릭병으로 2년밖에 못 산다고 했지만 55년이나 더 살았다!

뼈아픈 실수

미켈란젤로 부오나로티 (1475~1564)

독설하다 친구한테 맞아서 코뼈가 부러졌다고?

슬퍼요 150개

미켈란젤로 #독설가 #사나이 싸움 #코뼈 부러짐 #납작코
토리지아노 녀석! 사실대로 말한 것뿐인데 코를 이 모양으로 부러뜨려 놓다니, 당장 책임져!

    미켈란젤로는 친구들을 무시하거나 비판하는 말을 자주 해서 평판이 좋지 않았어. 14살 때 한 조각가의 제자로 생활하던 어느 날, 교회의 벽화를 베끼는 연습을 하고 있었어. 미켈란젤로는 친구 토리지아노의 작품을 비웃었지. 그러자 토리지아노는 건방진 미켈란젤로의 코에 있는 힘껏 주먹을 날렸어. 그 뒤로 변변한 치료를 받지 못한 탓에 평생 납작코로 살아야 했지. 과연 미켈란젤로는 외모에 대한 열등감 없이 잘 살았을까?

🗣 소곤소곤~ 뒷이야기

미켈란젤로
선생님, 제 코 좀 고쳐 주세요.
이 얼굴로 어떻게 예술을
하겠어요!

성형외과 의사

쯧쯧, 어쩌다가 그러셨어요?

미켈란젤로
그건 알아서 뭐하게요? 수술할
수 있는지나 말해 줘요.
성질나니까!

성형외과 의사

흠, 코뼈 한쪽이 함몰되었네요.
코 성형은 제가
전문입니다만….

미켈란젤로
수술 날짜를 잡죠. 어서!

성형외과 의사

환자분 성격도 고쳐야겠어요.
그러다 친구들이 다 떠나고
평생 외롭게 살아요.

미켈란젤로
누가 내 걱정해 달랬어요?
성형외과가 여기뿐인가 뭐.
에잇!

미켈란젤로 님이 나갔습니다.

어떻게 됐을까?

토리지아노는 코뼈 사건 이후 스페인으로 도망쳤어. 당시 피렌체 최고 권력자인 로렌초가 미켈란젤로를 무척 아꼈기 때문에 처분이 두려웠거든. 미켈란젤로는 납작 코 때문에 평생 외모에 대한 열등감을 가지고 독신으로 살았어. 대신 인체의 아름다움을 조각이나 그림으로 묘사하는 데 정열을 쏟았지.

이런 일도 있었대!

미켈란젤로가 시스티나 성당에 천장화를 그릴 때였어. 교황 율리우스 2세가 언제 완성되느냐고 묻자, 퉁명스러운 표정으로 대답했지. "언젠가 되겠죠!"
궁금함을 참지 못한 교황은 작품이 반쯤 완성되었을 때 다시 찾아왔어. 교황은 눈앞에 펼쳐진 반쪽짜리 걸작을 보고 입을 다물지 못했지.

그래도 이건 최고야!

미켈란젤로의 업적에 대한 별점 평가

조각가  〈다비드상〉

★★★★★ **대리석에서 생명을 창조하다!**

다른 조각가들이 모두 포기하고 약 50년간 방치된 돌덩이에서 아름다운 인간의 모습을 창조하다니 정말 놀라워요! 인물 내면의 표현을 중요시했던 그의 조각은 현대에까지 엄청난 영향을 미치고 있죠.

레오나르도 다빈치  〈카시나의 전투〉

★★★★★ **해부학적으로 완벽해요!**

나와 미켈란젤로는 피렌체 베키오 궁전에 벽화를 그려 대결했어요. 우리는 작품을 완성하지 못했지만 미켈란젤로가 그리다 만 전투 장면은 해부학적으로 훌륭하고 생동감이 넘쳐요!

괴테  〈천지창조〉

★★★★★ **'신'이 아닌 '인간'을 중심에 놓아 새로운 가치를 창조한 화가**

길이가 41m, 폭이 13m나 되는 천장에 수백 명의 모습을 이리도 다양하게 표현하다니! 신을 사람과 같은 모습으로 그리고, 신의 얼굴에 과감하게 감정을 넣은 발상의 전환이 감탄을 자아내요!

조수  벽화

★★★★★ **예술에서만큼은 열정 부자!**

선생님은 쉴 틈 없이 일하셨어요. 곧바로 작업할 수 있도록 작업복과 장화를 입은 채 잠들기도 하셨죠. 천장화를 그리는 건 목도 아프고, 눈에 물감도 들어가지만 선생님은 끝까지 해내셨지요.

미켈란젤로의 일대기

이 시기에 피렌체 거리 곳곳에 있는 조각상을 보며 조각에 관심을 가짐

1475 이탈리아 피렌체 근처의 카프레세에서 태어남

6세 때 어머니를 여의고 석공의 아내인 유모 손에 자라며 조각용 끌과 망치를 가지고 놈

1481 문법 학교에 입학하지만 아버지의 반대에도 그림에만 관심을 둠

1488 피렌체의 유명한 화가 기를란다요의 제자가 됨

1489 조각가 베르톨도의 제자가 됨

1490 피렌체의 최고 권력자 로렌초의 양자가 되면서 본격적인 예술 수업을 받음

1492
- 이 무렵, 〈계단의 성모〉, 〈켄타우로스의 전투〉 조각
- 수도원 시체실에서 해부학 연구

1499 조각품 〈피에타〉로 찬사를 받음

1504
- 〈다비드〉로 최고의 조각가라는 명성을 얻음
- 레오나르도 다빈치와의 벽화 대결

1512 시스티나 성당의 천장화 〈천지창조〉를 4년 만에 완성

1534~1541 시스티나 성당의 벽화 〈최후의 심판〉 완성

미켈란젤로는 조각가였지만 500m²나 되는 천장화 〈천지창조〉를 훌륭하게 마무리하고 화가로서도 인정받지.

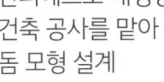

1545 교황 율리우스 2세의 무덤 장식 완성

1547 산피에트로 대성당 건축 공사를 맡아 돔 모형 설계

1564 약 10년간 작업하던 조각품 〈론다니니의 피에타〉를 완성하지 못하고 89세에 눈을 감음

41

뼈아픈 실수 • 알프레드 노벨 (1833~1896)

발명품 때문에 동생을 잃었다고?

슬퍼요 281,439개

노벨 #폭약 발명 #액체 폭약 #공장 폭발 사고 #동생 애도 #자책
에밀, 사랑하는 내 동생! 내가 만든 폭약이 너의 목숨을 앗아 갈 줄이야, 흑흑!

　노벨은 다이너마이트를 발명한 화학자이자, 노벨상을 만든 사람이야. 1863년 노벨이 오랜 실험 끝에 니트로글리세린이라는 물질을 이용해서 액체 폭약을 만들었어. 이전에 쓰던 폭약보다 폭발력이 훨씬 강력했지.
　새로운 폭약을 공업화시키던 어느 날, 공장에서 큰 폭발 사고가 일어난 거야. 이 사고로 노벨은 공장에서 일을 돕던 동생 에밀과 직원 여러 명을 잃었어. 깊은 슬픔에 잠긴 노벨은 폭약 연구를 계속했을까?

🐰 소곤소곤~ 뒷이야기

광산 사업가 슈미트
노벨, 폭발 사고는 유감입니다. 그런데 더 이상 폭약을 만들지 않을 생각입니까?

노벨
잘 모르겠어요. 사람들이 날더러 미친 과학자래요.

광산 사업가 슈미트
내가 자금을 댈 테니 새로운 마음으로 다시 공장을 지읍시다!

노벨
정부에서 사람이 사는 곳엔 공장을 못 짓게 해요. 외딴 호수 위*라면 모를까, 가망이 없어요.

광산 사업가 슈미트
호수 위라…. 오, 정말 새로운 생각이군요. 물 위에서라면 사고가 나도 주위에 피해를 안 줄 테니까요.

노벨
그럼 일단 해 볼게요. 무엇보다 안전**에 유의하겠습니다.

광산 사업가 슈미트
성공을 빕니다!

콕콕 짚고 가자!

*노벨은 멜라렌호에 배를 띄워 실험을 했어. 하지만 바람이 불 때마다 배가 흔들렸고 결국 멜라렌호 주변의 땅을 사들여 호숫가에 큰 공장을 지었지.

**안전에 대한 노벨의 노력에도 불구하고 액체 폭약은 여기저기서 사고를 일으켰어. 많은 사람이 죽거나 다치자 사람들은 노벨의 회사를 비난했지.

어떻게 됐을까?

노벨은 니트로글리세린으로 안전한 폭약을 만들고 싶었어. 그러던 중 규조토라는 흙에 섞어 빚었더니 안전한 고체 폭약이 된다는 것을 발견했지. 이렇게 만든 폭약이 바로 '다이너마이트'야. 이후 다이너마이트는 공사 현장이나 철도 및 도로 건설 등 많은 산업 현장에서 이용되었어.

그래도 이건 최고야!

인류의 평화와 행복을 위한 노벨상

노벨은 자신이 발명한 폭약이 뜻하지 않게 전쟁에 쓰이는 것을 매우 걱정했어. 그래서 전 재산을 인류를 위해 내놓았지. 노벨의 유산을 기금으로 1901년부터 상을 수여했고, 세계에서 가장 권위 있는 상으로 인정받고 있어.

노벨상은 어떤 분야에 주는 상일까?

| 물리학상 | 화학상 | 의학·생리학상 | 문학상 | 경제학상 | 평화상 |

노벨상 수상자는 어떻게 선정할까?

전년 8월까지	노벨상 수상자 후보 추천인 약 2,000~3,000명 선정
당해 1월까지	추천인으로부터 후보 추천서를 받아 약 200명을 후보자로 결정
당해 3월 1일까지	노벨 위원회에서 후보자를 약 20~30명으로 압축
당해 5월 31일까지	외부 전문가들에게 의뢰해 정밀 평가 진행
당해 10월	노벨상 수상자 다수결 투표로 최종 선정
12월 10일	노벨상 시상식

노벨 수학상은 왜 없을까?

추측 1 노벨은 당대의 유명한 수학자 미타그 레플러와 앙숙이었어. 수학상이 생기면 레플러가 상을 탈까 봐 뺐다는 의견도 있지.

추측 2 노벨은 수학에 관심이 없었어. 수학은 이론 위주의 학문이라서 인류 복지에 실질적으로 기여하지 않는다고 여겼다는 추측이야.

우리나라에서는 2000년에 김대중 전 대통령이 남북통일의 기초를 다진 공로로 노벨 평화상을 수상했어.
수상자에게는 800만 크로나(약 10억 원, 2019년 10월 기준)의 상금과 금메달, 상장이 수여돼.

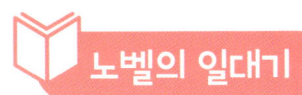
노벨의 일대기

1833 스웨덴 스톡홀름에서 태어남

1842 러시아에서 무기를 만드는 아버지를 따라 가족 모두 러시아로 이주

1843 막냇동생 에밀이 태어난 해

1855 아버지의 무기 공장에서 일함

1859 러시아와 연합군 사이의 크림 전쟁이 끝나고 아버지의 공장이 문을 닫음

1863 니트로글리세린을 혼합한 액체 폭약 발명

1864 폭발 사고로 동생 에밀을 잃음

1866 다이너마이트 발명

1875 훨씬 더 강력한 다이너마이트인 폭발성 젤라틴 발명

1887 최초로 폭발할 때 연기가 나지 않는 폭약 발명

1895 자신의 유산을 기금으로 인류 복지에 실질적으로 기여한 인물에게 노벨상을 줄 것을 유언

1896 이탈리아 산레모의 별장에서 63년의 생을 마침

1901 제1회 노벨상 시상식이 열림

> 노벨은 평생 독신으로 살면서 폭약 연구에 온 열정을 바쳤어. 발명가로서 노벨이 가진 특허권만 350여 개야.

어디로 튈지 모르겠어!

게오르크 프리드리히 헨델 (1685~1759)

가수를 창밖으로 던지려 했다고?

♥ 💬 ⌖ 참아요 11,282개 ⚑

헨델 #스타 가수 쿠초니 #리허설 #애드리브 사절 #부들부들
한 번 더 제멋대로 부르면 창밖으로 던진다고 분명히 경고했어! 말 좀 들어, 쿠초니!

  헨델은 아름다운 선율을 지은 작곡가답지 않게 성격이 매우 과격했어. 1721년 어느 날, 영국에서 직접 작곡한 오페라의 리허설을 하고 있었어. 그런데 최고의 스타 소프라노 가수 프란체스카 쿠초니가 악보를 무시하고, 제멋대로 꾸며서 노래하는 거야. "또 그렇게 부르면 창밖으로 던져 버릴 테야!" 헨델이 거칠게 경고했지만 소용없었어. 화가 머리끝까지 난 헨델은 쿠초니를 붙들고 창가에서 번쩍 들어 올렸지. 과연 쿠초니는 어떻게 됐을까?

🗣 소곤소곤~ 뒷이야기

내 사랑 보르도니
빅뉴스! 그 소식 들었어?

우유 빛깔 보르도니
뭔데 그래?

내 사랑 보르도니
글쎄, 왕립 음악 아카데미 지휘자 헨델이 그 콧대 높은 쿠초니를 창밖으로 내던지려 했대.

우유 빛깔 보르도니
헨델도 한 성격 하잖아. 그래서 진짜 던졌대?

내 사랑 보르도니
던질 뻔했는데 주변에 있던 단원들이 겨우 말렸대.

우유 빛깔 보르도니
하하, 쿠초니 엄청 놀랐겠네.

내 사랑 보르도니
그날만큼은 헨델이 시키는 대로 고분고분하게 노래했다더라, 깔깔!

우유 빛깔 보르도니
쿠초니의 불행은 곧 우리 보르도니의 행복이지!

쿠초니 보르도니

이런 일도 있었대!

프란체스카 쿠초니와 파우스티나 보르도니는 희대의 라이벌이었어. 둘의 팬들도 상대 가수가 노래할 때 야유를 보내는 등 기 싸움이 엄청났지. 1727년, 한 오페라 공연에서 쿠초니와 보르도니는 무대 위 난투극을 벌였어. 객석에 있던 팬들의 패싸움으로도 번졌지. 이 사건으로 영국에서 오페라 공연이 무기한 중지되었어.

어떻게 됐을까?

헨델은 쿠초니와 보르도니의 신경전 때문에 스트레스가 극심했어. 노래를 부르는 시간, 배역의 비중, 심지어 음표 수까지 똑같이 맞춰야만 했거든. 또 귀족을 위한 이탈리아 오페라의 몰락으로 빚더미에 오르게 되었어. 하지만 시대의 흐름에 맞춘 종교 합창곡 〈메시아〉를 작곡해 다시 명성을 되찾았지.

그래도 이건 최고야!

종교 음악 최고의 걸작 〈메시아〉

헨델의 작품 중 가장 유명한 곡으로, 크리스마스와 연말에 세계에서 가장 많이 연주되는 합창곡이야. 〈메시아〉는 모두 53곡으로, 두 시간이 넘는 공연인데 헨델은 단 24일 만에 작곡해서 모두를 놀라게 했어.

작곡가의 말

영국의 시인 찰스 제넨스가 성서와 기도문을 바탕으로 쓴 대본을 받고 만들었어요. 가장 힘든 시기였기 때문에 이 곡에 내 모든 것을 걸었죠. 먹고 자는 것도 잊고 매달렸어요. '할렐루야' 합창 부분을 작곡할 때는 눈앞에 신이 보이기도 했지요.

★★★★★ **베토벤**
〈메시아〉를 듣는 순간 그 음악적 위대함에 무릎을 꿇었어요.

★★★★★ **모차르트**
헨델은 마음만 먹으면 천둥 번개 같아요. 이 곡을 한 달도 안 돼 다 쓴 걸 보세요. 저는 이 곡을 제가 살던 시대의 분위기에 맞게 편곡하기도 했어요.

★★★★★ **하이든**
'할렐루야'를 듣는 순간 두 뺨 위로 눈물이 흘러내렸어요. 헨델이야말로 진정한 대가입니다. 이 곡에 영감을 받아 저의 대표곡 〈천지창조〉를 썼지요.

★★★★★ **영국 왕 조지 2세**
'할렐루야'가 울려 퍼지는 순간 너무 감격해서 나도 모르게 자리에서 벌떡 일어났어요. 나를 따라 관객들도 줄줄이 일어나더군요. 듣자 하니 〈메시아〉 공연 중 '할렐루야'가 합창될 때 관객들이 모두 일어나는 전통이 내 덕에 생겼다더군요, 허허.

헨델을 '음악의 어머니'라 부르는 이유

헨델은 바흐와 함께 근대 음악의 기초가 된 바로크* 음악을 이끈 핵심 인물이야. 두 거장을 각각 '음악의 어머니', '음악의 아버지'라 부르지. 헨델은 어머니의 품에 안긴 것처럼 섬세하고 부드러운 음악을 만들었고, 바흐는 아버지처럼 근엄하면서도 정교하고 무게감 있는 음악을 만들었기 때문이야.

*바로크: 16세기 말부터 18세기 중반까지 유럽에서 유행한 예술 양식

헨델의 일대기

같은 해 바흐도 독일에서 태어남

1685
독일의 작은 마을 할레에서 태어나 어릴 때부터 음악에 뛰어난 재능을 보임

1702
음악을 반대했던 아버지의 유언에 따라 할레 대학교 법학과에 입학하지만 곧 그만둠

1703
독일 음악의 중심지였던 함부르크로 떠나 음악가들과 친분을 쌓음

1705
첫 오페라 〈알미라〉가 큰 성공을 거둠

1706
유럽 오페라의 중심이던 이탈리아로 떠나 오페라 작곡법을 배움

1710
독일로 돌아와 하노버의 궁정 악장으로 일함

1711
영국으로 건너가 오페라 〈리날도〉를 성공시키며 영국에도 이름을 알림

〈리날도〉를 보기 위해 전국에서 사람들이 몰려들었고, 끝도 없이 앙코르를 외쳐 극장이 새벽까지 문을 닫지 못했어. 그래서 앙코르를 금지하기까지 했대.

1719
왕립 음악 아카데미의 책임자를 맡음

1728
왕립 음악 아카데미가 문을 닫고, 이탈리아 오페라가 몰락하며 빚더미에 앉음

1737
극심한 스트레스로 52세에 중풍에 걸렸지만 극복함

1741
〈메시아〉를 발표하고 이듬해 공연이 대성공을 거두면서 명예 회복

이전에 바흐를 수술해 시력을 잃게 만든 의사야.

바흐

1749
영국과 프랑스의 평화 조약을 축하하며 〈왕궁의 불꽃놀이 음악〉 발표

1751
백내장으로 고생하다 실력 없는 의사에게 수술받고 시력을 잃음

1759
74세의 나이로 세상을 떠난 뒤 웨스트민스터 대성당에 묻힘

어디로 튈지 모르겠어!

어니스트 헤밍웨이 (1899~1961)

전쟁터에서 제멋대로 위험한 행동을 했다고?

위험해요 18,944,511개

헤밍웨이 #제2차 세계 대전 #종군 기자 #나는야 불사조 #포격 환영
다섯 살 때부터 군인 놀이를 했던 나야! 수많은 전쟁터를 겪어 봐서 이까짓 포격은 무섭지 않다고!

　미국을 대표하는 소설가 헤밍웨이는 전쟁터의 상황을 보도하는 종군 기자로도 활약했어. 하지만 무모한 행동으로 주변 사람들을 놀라게 만들었지. 종군 기자는 군인으로서 전쟁에 참여할 수 없는데도 무기를 가지고 적과 싸워 물의를 일으킨 거야. 또 적의 포탄이 마구 날아오는데 다른 군인들처럼 납작 웅크려 피하지 않고 혼자 허리를 꼿꼿이 세운 채로 돌아다니는 바람에 모두들 혀를 내둘렀어. 헤밍웨이는 또 어떤 행동으로 사람들을 당황시켰을까?

소곤소곤~ 뒷이야기

헤밍웨이: 충성! 소대장님이 이끄는 부대와 동행해서 노르망디 상륙 작전을 취재할 헤밍웨이 기자입니다.

소대장: 명성은 익히 들어 알고 있습니다. 매우 중요한 작전이 될 것 같은데 잘 취재할 수 있겠습니까?

헤밍웨이: 사상 최대의 육해공군 합동 작전인데 제가 아니면 누가 이 일을 하겠습니까?

소대장: 그 의지는 훌륭합니다만….

헤밍웨이: 소대장님, 저희 부대가 노르망디 해안에 첫발을 디뎌야 합니다! 그 역사적인 순간을 가장 먼저 보도해야 하거든요!

소대장: 지휘관의 명령에 따라야지 내 뜻으로 되는 건 아닙니다.

헤밍웨이: 소대장님, 어떻게 좀 해 보십시오. 네? 네?

소대장: 듣던 대로 막무가내군. 난 바빠서 이만!

콕콕 짚고 가자!

*제2차 세계 대전은 1939년부터 1945년까지 독일, 이탈리아, 일본 등의 추축국과 영국, 프랑스, 미국 등의 연합국 사이에서 벌어진 대규모 전쟁이야. 그 전쟁에서 연합군이 승리하는 데 결정적인 역할을 한 것이 독일군이 점령하고 있던 프랑스의 노르망디 해안을 기습 공격한 '노르망디 상륙 작전'이지.

어떻게 됐을까?

헤밍웨이는 제1차 세계 대전, 스페인 내란, 제2차 세계 대전 등의 전쟁을 겪었어. 아는 것만 써야 한다는 원칙을 가진 헤밍웨이에게 전쟁은 최고의 소설 소재였지. 《무기여 잘 있거라》, 《누구를 위하여 종은 울리나》 등 전쟁의 참혹함이 고스란히 드러난 헤밍웨이의 소설은 전쟁을 반대하는 대표적인 소설로 꼽혀.

그래도 이건 최고야!

헤밍웨이의 업적에 대한 별점 평가

문학 평론가 — 문장의 혁명가

⭐⭐⭐⭐⭐ '하드보일드'의 대가!

기자 출신답게 담담하고 간결한 투로 소설을 썼어요. 쉬운 단어와 절제된 표현만으로 감동을 이끌어 냈죠. 헤밍웨이는 차량 짐칸에서 선 채로 타자기를 두드릴 만큼 쓰기 광이었어요.

'라 테라사' 카페 주인 — 《노인과 바다》의 배경

⭐⭐⭐⭐⭐ 관광객들로 북적북적!

노벨상 수상작 《노인과 바다》에 등장하는 카페가 바로 여기예요! 덕분에 저희 카페는 관광객들로 늘 붐벼요. 이곳 쿠바의 코히마르 해변 마을 사람들은 헤밍웨이에게 고마워하고 있죠.

미국인 — '파파' 헤밍웨이

⭐⭐⭐⭐⭐ 우리의 우상, 영원한 파파!

헤밍웨이는 잘생긴 외모에 다부진 체격을 가진 데다 사냥과 권투 같은 격렬한 활동을 즐겼어요. 미국인들은 그를 남성의 우상으로 여기며 아빠라는 의미의 '파파(papa)'라고 불렀죠.

헤밍웨이 닮은 사람 — '헤밍웨이의 날' 축제

⭐⭐⭐⭐⭐ 당신을 닮아서 기뻐요!

헤밍웨이가 10년간 살았던 미국 플로리다주 키웨스트에서는 매년 헤밍웨이의 생일에 맞춰 '헤밍웨이 닮은 사람 선발 대회'가 열려요. 전국에서 흰 수염을 기른 남자들이 몰려오죠.

헤밍웨이의 일대기

1899 미국 일리노이주 오크 파크에서 의사인 아버지, 성악가인 어머니 사이에서 태어남

1917 고등학교를 졸업하고 지역 신문사에서 기자로 일하며 글쓰기의 기초를 닦음

1918 제1차 세계 대전에서 구급차 운전병으로 참전하여 훈장을 받음

1919 귀향 후 캐나다로 이주하여 기자로 일함

1926 첫 장편 소설 《태양은 다시 떠오른다》로 단숨에 유명 작가가 됨

1929 소설 《무기여 잘 있거라》 발표

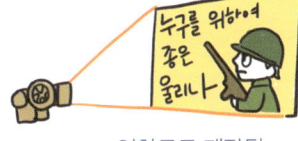

영화로도 제작됨

1934 바다낚시에 몰두한 것이 훗날 소설 《노인과 바다》의 재료가 됨

1936~1938 종군 기자로서 스페인 내란 보도

1940 스페인 내란이 배경인 소설 《누구를 위하여 종은 울리나》 발표

1944 제2차 세계 대전에 참전해 노르망디 상륙 작전 보도

1952 《노인과 바다》를 발표하고 이듬해 퓰리처상 소설 부문 수상

1954 《노인과 바다》로 노벨 문학상을 수상하지만 비행기 사고를 당해 시상식 불참

1959 건강 악화로 입원하여 받은 전기 충격 요법의 부작용으로 기억 상실

1961 우울과 불안증으로 고통받다 스스로 삶을 마감

살바도르 달리 (1904~1989)
전시회에 잠수복을 입고 나타났다고?

♡ 💬 ✈ 갑갑해요 998,235개　　　🔖

달리 #초현실주의자 #전시회 #잠수복 #시선 강탈 #질식 직전
사람들의 시선을 끄는 일이라면 뭐든지 할 거야! 평범한 건 나랑 안 맞아.

　　독특한 천재 화가 살바도르 달리는 기상천외한 행동으로 사람들을 놀라게 했어. 1936년 6월, 런던에서 열린 국제 초현실주의 전시회에서 달리의 강연을 기다리던 사람들은 깜짝 놀라 입을 다물 수가 없었어. 달리가 거대하고 답답한 잠수복을 입고 나타난 거야. 청중들은 헬멧 안에서 달리가 뭐라고 말하는지 알아들을 수 없었어. 심지어 얼마 지나지 않아 잠수복 안의 산소가 고갈됐고, 달리는 숨이 막혀 죽을 뻔했지. 달리는 도대체 왜 이런 기이한 행동을 했을까?

🔊 소곤소곤~ 뒷이야기

신기한 TV 서프라이즈 PD
달리 씨, 안녕하세요? '신기한 TV 서프라이즈' 방송 PD입니다.

달리
오, 반가워요! 내 인생 자체가 서프라이즈죠.

신기한 TV 서프라이즈 PD
국제 초현실주의 전시회에서 왜 잠수복을 입으셨나요?

달리
아, 그거요? 무의식의 세계로 잠수하자는 의미였어요.

신기한 TV 서프라이즈 PD
그런 깊은 뜻이 있었군요. 달리 씨의 일상을 카메라에 담고 싶은데 괜찮을까요?

달리
물론이죠. 개미핥기랑 산책할 예정이고, 염소 똥과 생선 기름 향수를 만들어 뿌릴 테니 예쁘게 찍어 주세요.

신기한 TV 서프라이즈 PD
아…, 하하! 저희 방송과 딱 어울리십니다.

시청률 보장!

콕콕 짚고 가자!
달리를 비롯한 초현실주의자들은 인간의 무의식, 환상, 꿈 등에 관심을 가졌어. 틀에 박힌 것은 지루하다고 생각했지. 달리의 새로운 아이디어와 독특한 표현 방식은 일상적인 것에 익숙한 사람들에게 신선한 충격을 주었고, 20세기 예술의 흐름을 완전히 뒤바꾸어 놓았어.

이런 일도 있었대!
달리는 1969년, 파리를 방문했을 때 개미핥기 두 마리를 개처럼 줄에 묶어 거리를 산책하여 화제가 되었어. 또 길게 뻗어 올라간 괴상한 콧수염은 달리의 상징이 되었지. 달리는 꿀을 발라 콧수염을 고정시켰다고 해.

그래도 이건 최고야!

환상적인 초현실주의 예술가

살바도르 달리는 인간의 무의식을 탐구하여 꿈과 환상의 세계를 표현했어. 화가이면서 조각, 설치 미술, 영화 각본, 무도회 연출, 의상·보석·가구 디자인까지 거의 모든 분야에서 활약한 달리는 천재 예술가였지.

▲ 〈기억의 지속〉, 1931년

달리가 카망베르 치즈를 먹은 다음 떠오른 이미지라고 해. 현실에서는 차갑고 단단한 금속 시계가 그림 속에서는 흘러내리는 듯 늘어져 있지. 익숙한 풍경에 낯선 모양의 물건이 대비되어 더욱 기이하게 보이는 작품이야.

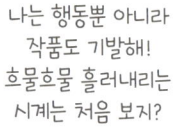

나는 행동뿐 아니라 작품도 기발해! 흐물흐물 흘러내리는 시계는 처음 보지?

우리 생활에서 전화기는 흔하게 볼 수 있는 물건이야. 그런데 달리는 전화기 위에 바닷가재를 얹어서 사람들로 하여금 일상적인 물건을 다르게 볼 수 있도록 했어. 이 작품은 어떤 물건이든 미술의 소재가 될 수 있다는 새로운 생각을 제시해 줬지.

▲ 〈바닷가재 전화기〉, 1936년

달리의 고향인 스페인 카탈루냐 지방의 피게레스에 위치하고 있어. 이곳에는 회화, 조각, 금속 공예품, 가구 등 달리의 작품 1,400여 점이 전시되어 있지. 국제 초현실주의 전시회 때 입었던 잠수복을 발코니에 장식해 두었어.

▲ 달리 극장 박물관

막대 사탕 '츄파춥스' 로고를 디자인한 사람도 달리야. 친구였던 츄파춥스 사장이 로고 디자인 때문에 고민하자, 그 자리에서 냅킨에 쓱쓱 그려 줬다고 해. 이후에 이 로고를 포장지 윗면에 넣으라고 충고했지.

달리의 일대기

1904 스페인 카탈루냐 지방의 피게레스에서 태어남

1914 사립 미술 학교에 입학하여 그림을 배우고, 대회에서 여러 번 수상

1920 피게레스 시립 극장 박물관에서 첫 전시회를 열고 극찬을 받음

1921 산 페르난도 왕립 미술 아카데미에 입학해 영화감독 루이스 부뉴엘과 시인 가르시아 로르카를 만남

1925 달마우 화랑에서 첫 개인전을 엶

1929
- 루이스 부뉴엘과 영화를 만듦
- 초현실주의 예술가 모임에서 운명의 여인 갈라를 만남

"갈라는 평생 나의 곁에서 예술 활동에 영감을 주었어."

1931 〈기억의 지속〉 완성

1936 런던 국제 초현실주의 전시회에서 잠수복을 입고 강연

1938 런던에서 정신 분석학자 지그문트 프로이트의 자화상을 그림

1941 뉴욕 현대 미술관에서 스페인 화가 호안 미로와 합동 전시회 개최

1942 자서전 〈살바도르 달리의 감춰진 생애〉 출간

1945 앨프리드 히치콕 감독의 영화 〈백색의 공포〉 속 악몽 장면을 만듦

1974 피게레스에 직접 구상한 '달리 극장 박물관'을 엶

1982 갈라가 세상을 떠난 슬픔으로 붓을 놓음

1989 85세의 나이로 달리 극장 박물관에 영원히 잠듦

프란츠 요제프 하이든 (1732~1809)

공연 중에 오케스트라 단원들을 퇴장시켰다고?

좋아요 1,280개

하이든 #휴가 갈망 #퇴장 작전 #성공 기원 #뮤직스타그램
드디어 결전의 날! 계획대로 모두 퇴장하고 단 세 명만 남았다. 두근두근, 후작님의 표정이 심상치 않다.

    하이든이 니콜라우스 에스테르하지 후작의 전속 음악가로 고용되어 악장을 맡았을 때였어. 1772년, 후작이 휴가를 보내 주지 않자, 단원들은 지칠 대로 지쳤지. 하이든도 단원들의 마음을 헤아렸지만, 지위가 높은 후작에게 직접 말하긴 어려웠어.
    하이든이 궁리 끝에 꾀를 냈는데, 휴가를 원하는 마음으로 마지막 악장에서 자신의 담당 연주를 끝낸 단원들이 하나둘씩 퇴장하기로 약속한 거야. 과연 후작의 반응은 어땠을까?

소곤소곤~ 뒷이야기

콕콕 짚고 가자!
음악을 사랑했던 에스테르하지 후작은 오페라 극장과 인형 극장이 딸린 호화로운 궁전을 짓고 악단 단원들과 함께 머물곤 했어. 〈고별〉 교향곡이 탄생한 1772년에는 무려 8개월 동안 본궁으로 돌아가지 않았다고 해. 30~40명에 달하는 단원들이 얼마나 가족들을 그리워했을지 상상할 수 있겠지?

어떻게 됐을까?
작전 성공! 후작의 마음을 움직인 이 교향곡은 연주자들이 청중에게 작별을 고하고 떠나는 것 같다고 하여 〈고별〉 교향곡이라고 불리게 되었어. 〈고별〉 교향곡은 다른 교향곡에서 잘 쓰이지 않는 슬프고 쓸쓸한 느낌의 곡조를 띠고 있지.

창의적인 음악가 상

이름 프란츠 요제프 하이든

위 사람은 100개가 넘는 교향곡˙을 비롯해 약 70개의 현악 사중주곡˙˙을 작곡하여, '교향곡의 아버지', '현악 사중주곡의 아버지'라고 불릴 만큼 큰 공을 세웠습니다. 이뿐 아니라 피아노 소나타, 사교 음악, 협주곡, 오페라 및 오라토리오˙˙˙에 이르기까지 다양한 장르에서 엄청난 양의 작품을 남겼습니다. 이처럼 아이디어가 풍부하고 근면 성실하여 후대에 귀감이 되었기에 이 상장을 수여합니다.

○○○○년 ○월 ○일
음악을 사랑하는 어린이 일동

˙**교향곡**: 관현악을 연주하기 위해 작곡한 큰 규모의 곡으로, 하이든이 시작하여 모차르트와 베토벤이 견고히 다짐
˙˙**현악 사중주곡**: 바이올린 두 개, 첼로, 비올라로 합주하는 곡
˙˙˙**오라토리오**: 성경의 장면에 오페라, 합창, 합주 등의 요소를 가미한 종교 음악으로 헨델의 〈메시아〉가 대표적임

하이든의 일대기

1732
오스트리아의 한 시골 마을에서 둘째로 태어남

1738
음악적 재능을 알아본 부모님은 하이든이 6세가 되었을 때 음악 교사에게 보냄

1740
빈의 슈테판 대성당 소년 합창단이 됨

1749
변성기로 인해 합창단을 나와 가난한 생활을 함

1759
모르친 백작의 악장으로 임명되어 첫 교향곡을 씀

1761
에스테르하지 후작 집안의 부악장으로 임명됨

1766
악장이 죽고 하이든이 악장으로 승진

1772
교향곡 제45번 〈고별〉 작곡

1784
모차르트와 처음 만나 음악적 교류

1791
교향곡 제94번 〈놀람〉 작곡 ⋯ 연주 중에 갑자기 팀파니를 우렁차게 울려 조는 청중들을 깨웠다는 일화가 있음

1792
잠깐 동안 베토벤에게 음악을 가르침

1798
오라토리오 〈천지창조〉 첫 공연

1801
오라토리오 〈사계〉 완성

1809
77세에 영원히 잠듦

전화위복이 되었어 · **유일한**(1895~1971)

배달하다가 건물을 들이받았다고?

슬퍼요 1,628,992개

유일한 #미국 #숙주나물 장사 #트럭 전복 #교통사고
어이쿠, 숙주나물 유리병을 가득 싣고 가다가 건물을 들이받았다! 아까운 숙주나물….

　유일한은 미국에서 중국 사람들이 만두에 넣어 먹는 숙주나물 장사를 시작했어. 미국 사람들도 중국식 만두 맛을 좋아했지만, 지저분해서 꺼린다는 것을 알고, 투명한 유리병에 숙주나물을 넣어 팔았지. 깨끗해 보이는 덕분에 장사는 그럭저럭 잘됐지만 숙주나물은 이틀 만에 물러 버렸어. 더 신선하게 보관하는 방법을 고민하던 유일한은 숙주 유리병을 가득 실은 트럭을 몰다가 그만 건물을 들이받고 말았어! 숙주나물 장사는 이대로 끝나는 것일까?

소곤소곤~ 뒷이야기

식료품 가게 주인
숙주나물 100병, 아니 300병 주문이요! 트럭 사고 이후로 숙주나물을 찾는 손님이 갑자기 늘었어요.

유일한
라디오와 신문에서 앞다투어 사고 기사를 다뤄 준 덕분이죠, 하하!

식료품 가게 주인
'고기를 많이 먹는 미국인들에게 숙주나물이 좋다!'는 기사까지 났잖아요. 사고로 광고 효과 톡톡히 보시네요!

유일한
그러게요. 불행 중 다행입니다.

식료품 가게 주인
아, 저희 물건 배달하다가 사고 내지는 마세요! 안 그래도 유리병이 잘 깨져서 곤란할 때가 많아요.

유일한
걱정 마세요. 무사히 배달해 드릴게요. 그렇지 않아도 요즘 숙주나물 통조림 연구를 하고 있으니, 앞으로도 저희 제품 많이 이용해 주세요!

 배달 출발!

콕콕 짚고 가자!
*사고 현장에 몰려든 기자들은 엉뚱하게도 길바닥에 나뒹구는 숙주나물에 관심을 가졌어. 덕분에 신문에는 숙주나물에 대한 이야기가 대문짝만하게 실렸지. "숙주나물을 실은 트럭 교통사고, 숙주나물은 중국요리에 꼭 필요한 재료!" 이때부터 숙주나물이 날개 돋친 듯이 팔려 나갔어.

어떻게 됐을까?
연구를 거듭한 유일한은 결국 숙주나물 통조림을 만들어 백만장자가 되었어. 그러던 중, 20년 만에 만난 아버지가 "숙주나물 장사를 하라고 너를 미국에 보낸 줄 아느냐? 더 보람 있는 일을 하거라."라고 말씀하셨어. 충격을 받은 유일한은 1926년 한국으로 돌아와 동포들을 질병으로부터 보호할 제약 회사를 설립했지.

유일한의 업적에 대한 별점 평가

제너럴 일렉트릭 회사 직원

★★★★☆ 성공보다 조국을 택한 애국자

우리 회사에서 동양인 최초로 회계 업무를 맡은 사람이 유일한이에요. 그런데 조국을 위해 큰일을 하려면 자기 사업으로 큰돈을 벌어야 한다며 사표를 냈어요. 조국을 돕기 위해 험난한 삶을 택한 그의 애국심에 감동했어요.

독립운동가 서재필 박사

★★★★☆ 동포에게 큰 그늘이 되어 준 사람

우리는 미국에서 열린 한인 자유 대회에서 만났어요. 그가 고국으로 돌아갈 때 버드나무가 그려진 조각을 선물했지요. 버드나무처럼 번창해서 동포들에게 큰 그늘이 되라는 뜻이었죠. 훗날 유한양행의 상표에도 버드나무가 있더군요.

유한 공업 고등학교 졸업생

★★★★★ 교육과 공익사업에 힘쓴 분

유일한 선생님은 유한 공업 고등학교를 세워, 돈이 없는 학생들에게 배움의 기회를 열어 주었어요. 덕분에 저도 기업가가 되었지요. 선생님의 뜻을 이어받아 사회에 환원하는 기업으로 이끌겠습니다.

세무사

★★★★★ 투명 경영과 성실 납세 기업

1967년, 국세청에서 기업들의 세무를 조사했어요. 그때 대부분의 기업이 불법 탈세로 처벌을 받았는데, 유한양행은 1원도 탈세하지 않은 사실이 알려지며, 모범 납세 기업으로 선정되었어요.

유일한의 일대기

"미국 네브래스카주의 한 가정에서 먹고 자는 대가로 집안일을 도와주며 학교에 다녔어."

1895 평안남도 평양에서 6남 3녀 중 장남으로 태어남

1904 10세에 독립운동가 박용만을 따라 미국으로 유학

1916 미시간 주립 대학교 상과에 입학

1919 필라델피아에서 독립 선언 대회인 한인 자유 대회 참석

1920 대학교를 졸업하고 제너럴 일렉트릭 회사에서 회계사로 일함

1922 숙주나물 통조림을 생산하는 '라초이 식품 회사' 설립

1925 재미 중국인이자 소아과 의사인 호미리와 결혼

1926 식품 회사를 정리하고 귀국하여 제약 회사인 '유한양행' 설립

1942 미국 전략 정보처(OSS)에서 한국 담당 고문으로 활약

1964 유한 공업 고등학교 설립

1968 모범 납세자로 뽑혀 동탑 산업 훈장 수여

"나는 유언장을 통해 당시 기준 407억 원을 기부했어."

1969 유한양행의 경영권을 전문 경영인에게 물려줌

1970 한국 사회 및 교육 원조 신탁 기금(현재 유한재단) 설립

1971 전 재산을 사회에 기증한다는 유언을 남기고 77세에 세상을 떠남

방정환 (1899~1931)
바지에 실례를 했다고?

♥ 💬 📍 조마조마해요 9,265,381개   🔖

방정환 #이야기꾼 #인기 폭발 #오줌도 폭발 #화장실이 어디죠?
이거 큰일 났네, 오줌이 마려운데 이야기를 끊을 수가 없어! 신이시여, 제발 힘을 주세요.

    어린이들의 친구 방정환은 소문난 이야기꾼이었어. 아이와 어른, 일본 순사까지 방정환의 한마디에 울고 웃을 정도였지. 그날도 방정환의 이야기를 들으러 방방곡곡에서 몰려들었어. 한참 이야기를 이어 가던 방정환은 갑자기 오줌이 마려웠어. 겨우 참고 이야기를 끝마쳤지만, 빽빽하게 들어찬 사람들 틈을 비집고 화장실을 찾아야만 했지. 그런데 갑자기 한 부인이 앞을 가로막으며 감사 인사를 전하는 거야. 한시가 급한 방정환은 어떻게 됐을까?

소곤소곤~ 뒷이야기

덕칠이 엄마: 아이고 선생님, 제가 가로막는 바람에 바지에 실례*하셨다면서요?

소파 ** **방정환**: 그…, 그걸 어떻게 아셨습니까?

덕칠이 엄마: 저희 애가 방뚱뚱*** 선생님의 축축해진 바지를 봤대요. 괜찮아요, 우리 덕칠이도 선생님 이야기에 푹 빠져 고무신에 실례를 한걸요.

소파 방정환: 제 체면도 있고 하니, 쉿! 소문내지 말아 주세요.

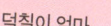

덕칠이 엄마: 걱정 마세요, 순이 엄마한테만 얘기했어요. 참, 만수 엄마한테도 했구나. 그나저나 아까 그 이야기 속 불쌍한 아이를 나중에 잘되게 해 주셔서 고맙습니다.

소파 방정환: 저기…, 그 이야기는 원래 결말이 그렇습니다만….

콕콕 짚고 가자!

*방정환이 화장실에 도착했을 때는 이미 오줌이 흐른 뒤였어.
**'소파'는 작은 물결을 뜻해. 어린이의 마음에 일으킨 잔물결이 훗날 큰 물결이 되리라 확신하며 지은 호야.
***아이들은 방정환을 '방뚱뚱'이라고 부를 정도로 친근하게 느꼈어.

이런 일도 있었대!

방정환은 약속이 되어 있으면 몹시 아픈 날에도 강연을 하러 나갔어. 하루는 연단 위에서 코피가 났는데, 코를 휴지로 틀어막으면 이야기에 방해가 될 것 같았지. 결국, 흐르는 피를 수건으로 닦으며 이야기를 계속할 정도로 열정이 대단했어.

이 땅 모든 어린이들의 **친구 방정환**

어린이날을 만든 방정환은 최고의 이야기꾼이자 아동 문학가였어. 초등학교 국어 교과서에 실린 동화 〈만년 샤쓰〉를 쓰기도 했지. 평생 어린이를 위해 살다 마지막 눈을 감는 순간까지도 어린이를 잘 부탁한다는 말을 남겼어.

방정환의 일대기

소년 입지회의 목표
첫째, 공부를 열심히 할 것
둘째, 독서를 많이 할 것
셋째, 새로운 것을 알려고 힘쓸 것

1899 지금의 종로구인 서울 야주개에서 태어남

1908 토론 모임인 '소년 입지회'를 만듦

1910 일제 강점기 시작

1917 잡지 《청춘》에 처음 글을 발표

1918
• 지금의 고려 대학교인 '보성 법률 상업 학교'에 입학
• 독립을 위한 강연과 토론 모임인 '경성 청년 구락부'를 만듦

1919
• 독립을 위한 잡지 《신청년》 발간
• 독립 선언서를 돌리다가 체포되어 고문을 당함

1920
• '어린이'라는 말을 만듦
• 잡지 《개벽》의 도쿄 특파원으로 일본에 건너가서 공부

1921 방학 때 서울에서 '천도교 소년회'를 만들어 어린이 운동을 펼침

1922 《사랑의 선물》 출간

1923
• 잡지 《어린이》 창간
• '색동회' 창립
• 5월 1일을 어린이날로 지정

우리나라 최초의 아동 잡지로, 마해송, 이원수, 윤석중 등 우리나라를 대표하는 아동 문학가를 배출했어.

1927 전국적인 소년 운동 단체인 '조선 소년 연합회' 위원장을 맡음

1928 세계 20여 개의 나라에서 참가하는 '세계 아동 예술 전람회' 개최

1931 건강을 안 돌보고 열심히 일하다가 33세의 젊은 나이에 세상을 떠남

얼굴이 뜨거워지는 실수 · · · · · · **빌 게이츠**(1955~)

신제품을 시연하는데 블루스크린이 떴다고?

힘내요 21,761,902개

빌 게이츠 #신제품 #윈도우98 시연 #블루스크린 #웃음바다
야심 차게 만든 신제품인데 오류가 전국에 생방송으로 나가다니! 아, 공포의 파란 화면!

    빌 게이츠는 화면에 보이는 그림을 클릭하면 창이 켜지는 방식의 '윈도우' 프로그램을 개발했어. 누구나 쉽게 컴퓨터를 다룰 수 있는 시대가 열린 거야. 1998년 4월, 빌 게이츠는 윈도우 시리즈의 신제품 '윈도우98'을 출시하기 전에, 생방송으로 미리 공개하는 행사를 열었어. 외부 장치를 컴퓨터에 연결하자, 순조롭게 인식하는 듯했지. 그런데 갑자기 화면에 블루스크린*이 나타났지 뭐야! 이 민망한 상황에서 과연 빌 게이츠는 어떤 말을 했을까?

소곤소곤~ 뒷이야기

콕콕 짚고 가자!

*블루스크린은 윈도우에서 시스템 오류를 복구할 수 없을 때 오류 정보와 함께 나오는 파란 화면이야. 색깔은 윈도우 개발 팀원들의 제비뽑기로 결정했지.

**스티브 잡스는 시연회에서 오류가 났을 때 "이래서 여기 백업 기능을 넣은 겁니다."라는 명언을 남겼어.

이런 일도 있었대!

IT 업계의 두 영웅 빌 게이츠와 스티브 잡스는 30년 넘게 팽팽한 경쟁을 했어. 하지만 빌 게이츠가 자신의 회사 마이크로소프트를 떠나 자선 사업에 힘쓰면서 둘 사이에 우정이 싹트기 시작했지. 잡스는 빌 게이츠의 편지를 죽기 전 침대 곁에 둘 정도로 소중하게 여겼대.

그래도 이건 최고야!

빌 게이츠의 업적에 대한 별점 평가

컴퓨터를 배우는 초등학생

★★★★★ 컴퓨터의 황제!

선생님께서 마이크로소프트 덕분에 우리가 편리하게 컴퓨터를 이용하는 거라고 하셨어요. 윈도우, 인터넷 익스플로러, 엑셀, 파워포인트…. 이 프로그램들이 세상을 바꿨대요!

잠비아에 사는 어린이

★★★★★ 기부 천사! 생명의 은인!

빌 게이츠 아저씨가 우리 같은 아이들의 생명을 살리기 위해 100억 달러를 기부했어요. 아저씨가 없었다면 저는 백신을 맞지 못해 콜레라나 말라리아에 걸렸을지도 몰라요.

폴 앨런

★★★★☆ 최고의 사업 파트너

저는 빌 게이츠와 마이크로소프트를 함께 창업했어요. 그런데 작은 오해가 생겨 회사를 나왔지요. 비록 사이가 틀어졌지만, 빌 게이츠는 미래를 내다보는 통찰력과 사업가적 기질이 대단한 친구예요!

취업을 준비하는 졸업생

★★★★★ 빌 게이츠의 명언 따라 파이팅!

'우리에겐 구글, 애플, 다른 무료 소프트웨어 등 방심하지 않게 만드는 멋진 경쟁자들이 있다.' 성공한 위치에서도 방심하지 않는 빌 게이츠의 태도를 본받아 꼭 원하는 기업에 취업할 거예요!

게이츠의 일대기

같은 해에 스티브 잡스도 태어남

1955 미국 시애틀에서 변호사인 아버지, 교사인 어머니 사이에서 태어남

1968 13세에 학교에서 컴퓨터를 처음 보고 푹 빠짐

1973 부모님의 권유로 하버드 대학교 법학과에 입학, 얼마 후 수학과로 바꿈

1975
- 폴 앨런과 함께 개인용 컴퓨터 프로그램 언어인 '베이식' 완성
- 하버드 대학교 중퇴 이후 폴 앨런과 마이크로소프트 창업

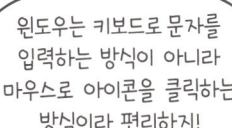 윈도우는 키보드로 문자를 입력하는 방식이 아니라 마우스로 아이콘을 클릭하는 방식이라 편리하지!

1981 당시 세계 최고의 컴퓨터 회사인 IBM의 개인용 컴퓨터에 넣을 운영 체제 '엠에스-도스' 개발

1985
- '윈도우' 첫 출시
- '엑셀' 개발

1987 '파워포인트' 출시

1990 '윈도우3.0' 출시

1995
- 개인용 컴퓨터 운영 체제의 틀을 만든 '윈도우95' 출시
- '인터넷 익스플로러' 출시

1998 '윈도우98' 출시

2000
- '윈도우ME'와 '윈도우2000' 출시
- 자신과 아내의 이름을 딴 빌 앤드 멀린다 게이츠 재단 설립

2001 '윈도우XP' 출시

2008 33년 동안 이끌던 마이크로소프트를 떠남

현재 빈민과 공공사업을 위해 힘쓰며 활발히 활동 중 (2019년 10월 기준)

주변 사람이 힘들어 • 세종(1397~1450)

고기 없으면 밥을 안 먹는 편식 대왕이라고?

좋아요 627,159개

세종 #고기=♥ #고기 1인분 더 #고기는 살 안 쪄 #살은 내가 쪄
내가 뚱뚱한 게 고기 탓이라고? 틀렸어, 맛있게 먹으면 0칼로리라고!

    조선의 제4대 왕인 세종은 고기를 무척 좋아했어. 세종실록에 '전하는 고기가 없으면 숟가락을 들지 않으신다.'는 기록이 있을 정도였지. 오죽했으면 아버지 태종은 자신이 죽은 뒤, 상을 치를 때 세종에게 고기를 억지로라도 들게 하라고 했어. 조선 시대에서는 상을 치르는 동안 고기와 술을 금지했거든. 이렇게 고기를 좋아하면서 운동은 멀리하고, 매일 책만 보던 세종은 뚱뚱하게 살이 쪘지. 결국, 당뇨병 등 온갖 병을 얻었고, 나중에는 눈이 안 보이기까지 했어.

💬 소곤소곤~ 뒷이야기

기미 상궁: 오늘도 전하의 수라** 시중을 드느라 모두들 수고했네.

 나인 1: 네, 상궁 마마님. 그런데 오늘도 전하께서 고기반찬을 안 남기셨네요….

 **나인 2**: 맞아요. 오늘은 너비아니를 맛볼 수 있을 줄 알았는데….

 **나인 1**: 상궁 마마님께서는 기미를 보시니까 온갖 맛있는 건 다 드셔 보셨겠어요. 부럽사옵니다.

기미 상궁: 부러우면 너희들이 목숨 걸고 기미를 보겠느냐?

 **나인 1**: 아, 아니옵니다! 내일은 왠지 전하께서 고기반찬을 남기실 것 같은 예감이 듭니다. 헤헤, 그 고기는 제 것이옵니다!

 **나인 2**: 뭐야? 그럼 나는!

콕콕 짚고 가자!

*기미 상궁은 왕이 수저를 들기 전에 음식에 독이 있는지 먼저 먹어 보는데, 이것을 '기미를 본다.'고 해. 기미를 보고 나면 왕의 식사 시중을 들지.

**수라는 왕에게 올리는 밥을 높여 부르는 말이야. 왕이 남긴 수라를 시중들던 상궁과 나인들이 나누어 먹었다고 해.

이런 일도 있었대!

세종은 고기를 먹지 않으면 병이 나곤 했어. 그래서 신하들은 세종이 기력이 없거나 수심에 빠져 보이면 고기를 권했지. 또한 신하들에게 상으로 고기를 자주 내렸어. 신하들에 대한 마음까지 고기로 표현할 정도니 세종의 고기 사랑 정말 대단하지?

> 그래도 이건 최고야!

대한민국에서 가장 존경받는 세종 대왕!

제1호   0000년 0월 0일

BEST '훈민정음'을 만들다

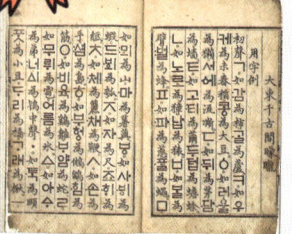
▲ 《훈민정음해례본》

세종은 백성들이 글을 모르는 것을 안타깝게 여겨 말소리를 연구했고, 마침내 1443년 28개의 글자를 만들었다. 한글은 세계에서 가장 과학적인 글자로 인정받았으며 1997년 10월 유네스코 세계 기록 유산으로 등재되었다.

세계 최고의 과학 국가 조선

▲ 측우기

세종이 왕으로 있던 32년(1418~1450) 동안은 과학 기술의 전성기였다. 특히 천문학에 관련된 발명품이 많은데, 비의 양을 재는 도구인 측우기는 서양보다 200여 년이 앞서 있다. 그 밖에 자격루, 혼천의, 앙부일구 등 수많은 업적을 남겨 조선의 과학적인 위상을 드높였다.

공평한 인재 등용

세종은 노비였던 장영실을 조선 최고의 과학자로 키웠다. 이처럼 신분이나 정치적 관계를 넘나들며 인재를 뽑아 재능을 마음껏 발휘하도록 했다. 1420년에 세운 집현전은 뛰어난 인재들이 모여 학문을 연구하고 책을 펴내는 등 문화 발전에 이바지한 곳이다.

▲ 집현전 터에 들어선 경복궁 수정전

조선의 국경을 넓히다

1419년에 세종은 백성들을 괴롭히는 일본 해적의 본거지인 쓰시마섬(지금의 대마도)을 정벌했다. 1433년에는 북쪽의 여진을 공격하여 국경을 확장하였다.

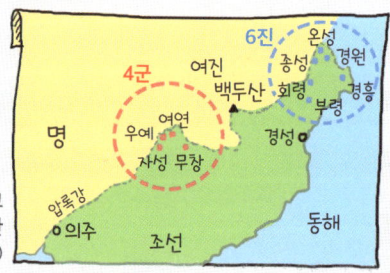
▶ 여진을 몰아내고 새로 설치한 행정 구역(4군 6진)

세종의 인물 관계도

세종을 도운 유능한 신하들

기술 담당

장영실

정치 담당

황희

국방 담당

김종서

음악 담당

박연

학문 연구 담당

집현전 학자들

아버지

태종
조선 제3대 왕

어머니
원경 왕후

세종
조선 제4대 왕

부인

소헌 왕후

아들과 딸

문종
조선 제5대 왕

세조
조선 제7대 왕

안평 대군, 임영 대군, 광평 대군, 금성 대군, 평원 대군, 영응 대군, 정소 공주, 정의 공주

단종
조선 제6대 왕

주변 사람이 힘들어

● 루트비히 판 베토벤(1770~1827)

가정부가 수시로 바뀌었다고?

♥ 💬 ✈ 너무해요 4,981개   🔖

베토벤 #가정부 #못마땅해 #불어 터진 음식 #음식은 타이밍
음식이 다 식었잖아, 저리 치워! 내가 먹고 싶을 때 딱 맞춰서 음식을 내오란 말이야!

    베토벤은 불같은 성격* 때문에 사람들과 부딪치는 일이 잦았어. 특히 작곡하거나 손님과 대화할 때 방해받는 것을 싫어해서 가정부는 식사 시간 때마다 음식을 언제 내갈지 눈치를 봐야 했지. 베토벤이 좋아한 음식은 치즈를 얹은 마카로니인데, 금세 불어 터지기 일쑤에다가 재료가 비쌌기 때문에 시간이 어긋나서 요리를 망치면 곤란했거든. 식사만 까다로웠냐고? 아니, 가정부를 괴롭게 만든 또 다른 속사정은 무엇일까?

🗣 소곤소곤~ 뒷이야기

 가정부: 저 그만두겠습니다. 다른 사람 알아보세요.

 베토벤: 도대체 그만두는 이유가 뭐지?

 가정부: 언제 음식을 차릴지 눈치 보는 거 이제 지쳤어요!

베토벤: 그런 하찮은 이유 때문이라고?

 가정부: 더 얘기할까요?

 가정부: 방 안은 온통 악보로 어질러 놓고, 겨우 청소해도 어디가 마음에 안 드니 하며 귀가 따갑게 잔소리하잖아요. 어제는 달걀도 집어 던지셨죠?

 베토벤: 쳇, 나도 필요 없어! 가정부야 또 구하면 되지.

 가정부: 어디 한번 구해 보세요, 흥! 아, 머리 아파.

 지끈 지끈

가정부님이 나갔습니다.

콕콕 짚고 가자!

*베토벤은 20대 후반 무렵부터 귀가 잘 안 들리기 시작했어. 신경이 날카로워진 데는 귓병으로 인한 절망과 불안 탓도 있을 거야. 귓병이 점차 심해지자 베토벤은 사람들을 멀리하고 혼자 산책하는 것을 즐겼어. 사정을 모르는 사람들은 유명해진 베토벤이 거만해서 만나 주지 않는 거라고 오해하기도 했지.

어떻게 됐을까?

하인들은 베토벤의 괴팍한 성질을 견디지 못하고 뛰쳐나가기 일쑤였어. 그래서 이틀을 꼬박 굶은 날도 있었지. 또 베토벤은 작곡이 잘 안 풀리면 소리를 지르거나 물건을 집어 던지는 것으로 스트레스를 풀었어. 화가 난 집주인이 내쫓는 바람에 수십 번 이사를 다녀야만 했지.

그래도 이건 최고야!

불행한 운명을 이겨 낸 '음악의 성인'

귀가 들리지 않았지만 베토벤은 음악을 포기하지 않았어. 오히려 작곡에만 전념하여 수많은 걸작을 남겼지. 그중에서도 교향곡 제9번 〈합창〉은 베토벤이 마지막으로 완성한 교향곡으로, 환희와 인간에 대한 사랑의 메시지를 담고 있어. 이외에도 〈엘리제를 위하여〉, 〈월광〉, 〈운명〉 등 훌륭한 음악을 많이 남겼어.

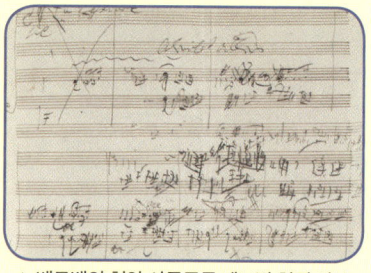

▲ 베토벤의 현악 사중주곡 제14번 친필 악보

이 곡은 베토벤이 자신의 현악 사중주곡 중 최고로 꼽은 작품이야.

즉흥 연주의 달인

베토벤이 제자로 삼아 달라며 모차르트를 찾아갔을 때의 일이야. 모차르트는 베토벤의 즉흥곡 연주를 듣고 깜짝 놀라서 함께 있던 손님에게 이렇게 말했어.

"저 사람을 잘 봐 두세요. 앞으로 세상을 깜짝 놀라게 할 거예요."

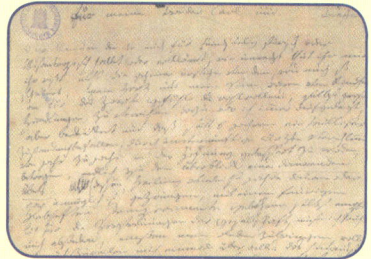

▲ 하일리겐슈타트의 유서

베토벤은 건강이 더욱 악화되자, 빈 교외 마을인 하일리겐슈타트에서 요양을 했어. 그러나 귓병은 좀처럼 낫지 않았고, 동생들에게 영원히 귀가 멀지 모른다고 고백하며, 죽음에 대비하는 유서를 남겼지.

반전을 거듭하는 변화무쌍한 교향곡

교향곡 제9번 〈합창〉의 첫 공연 때 연주가 끝나자 모든 관객이 일어서서 우레와 같은 박수를 보냈어. 지휘자 옆에 있던 베토벤은 그 소리를 들을 수 없었지. 단원 한 사람이 베토벤을 관중 쪽으로 돌려세우자 그제야 베토벤은 관객들의 환호를 보고, 고개를 숙여 인사했어.

베토벤의 일대기

1770
- 독일 본의 가난한 음악가 집안에서 태어남
- 술주정뱅이 아버지는 궁정 악단의 가수였음

1774
4세부터 아버지에게 혹독한 피아노 훈련을 받음

1778
궁정 극장에서 첫 연주회를 엶

1779
유능한 교사 크리스티안 고틀로프 네페에게 음악을 배움

1787
- 음악의 도시 빈으로 유학 가서 모차르트와 만남
- 어머니가 세상을 떠나 본으로 돌아옴

1792
다시 빈으로 가 하이든에게 가르침을 받음

1801
피아노 소나타 제14번 〈월광〉 작곡

1802
귓병이 심해져 하일리겐슈타트로 요양을 떠남

1804
나폴레옹을 위한 교향곡을 작곡했으나, 나폴레옹이 스스로 황제가 되자 악보 표지를 찢고 교향곡 제3번 〈영웅〉으로 발표

1808
교향곡 제5번 〈운명〉, 교향곡 제6번 〈전원〉 작곡

1810
피아노 독주곡 〈엘리제를 위하여〉 작곡

〈엘리제를 위하여〉는 내가 사랑한 여인을 위한 곡이야. 모두들 그녀를 내가 청혼했던 테레제 말파티로 추정하지만 진실은 나만 알고 있지!

1819
보청기와 대화록을 사용하여 의사소통함

1824
교향곡 제9번 〈합창〉 발표

1827
57세의 나이로 눈을 감자, 장례식에 2만여 명이 참석

주변 사람이 힘들어

• 한스 크리스티안 안데르센(1805~1875)

다 큰 어른이 잔디에 엎드려 징징댔다고?

슬퍼요 1,547,282개

안데르센 #동화 작가 #비평가 너무해 #혹평 화났어 #나 좀 달래 줘 #징징
내 작품을 보고 실패작이라니! 어떻게 그런 평가를 할 수가 있어? 엉엉!

    1857년, 안데르센이 영국의 유명한 소설가 찰스 디킨스의 집에 머물던 때의 일이야. 웬 이상한 남자가 디킨스의 저택 앞 잔디에 엎드려 큰 소리로 울고 있었어. 덩치로 봐서는 분명 어른인데, 우는 모습은 꼭 어린아이 같았지. 그 남자는 바로 유럽 전체에 이름을 떨치던 덴마크의 동화 작가 안데르센이었어. 디킨스와 가족들은 안데르센의 행동을 보고 몹시 당황하고 말았지. 안데르센은 왜 어린아이처럼 눈물과 콧물로 범벅이 되도록 울었을까?

🗣 소곤소곤~ 뒷이야기

찰스 디킨스[*]
안데르센 씨, 아깐 왜 울었습니까? 혹시 신문에 실린 혹평 때문인가요?

안데르센
내가 어떻게 쓴 작품인데 그렇게 심하게 말할 수가 있어요! 으앙!

찰스 디킨스
사람들 평가 따위는 신경 쓰지 마세요. 저는 24년 동안 제가 쓴 책에 대한 비평을 읽은 적이 없어요. 단 한 번도!

안데르센
어떻게 신경을 안 쓸 수가 있어요. 그런 심한 말을 듣고 앞으로 어떻게 글을 쓰죠? 훌쩍!

찰스 디킨스
그만, 뚝! 안데르센 씨는 누가 뭐래도 최고의 작가입니다. 악평은 일주일만 지나면 사람들의 기억 속에서 잊혀지지만, 당신의 책은 영원할 거예요.[**]

안데르센
정말이요? 헤헤, 디킨스 씨의 말이 큰 위로가 되네요.

콕콕 짚고 가자!
[*]찰스 디킨스(1812~1870)는 영국 최고의 소설가야. 대표작으로는 《올리버 트위스트》, 《크리스마스 캐럴》 등이 있지.
[**]디킨스의 말처럼 안데르센의 동화는 전 세계에 번역되어 팔리고 있어. 아동 문학의 노벨상이라 불리는 상도 안데르센의 이름을 딴 '국제 안데르센상'이야.

이런 일도 있었대!
주변 사람들은 안데르센이 몸집만 커 버린 어린아이 같다고 했어. 식사 자리에서는 먼저 대접받지 않으면 토라지곤 했지. 또한 스스로 면도를 하지 못해 중년이 되어서도 이발소에 가야만 수염을 깎을 수 있었다지 뭐야. 이런 아이 같은 모습 덕분에 재미있는 동화를 쓸 수 있었는지도 몰라.

동화의 아버지, 안데르센의 파란만장한 인생 곡선

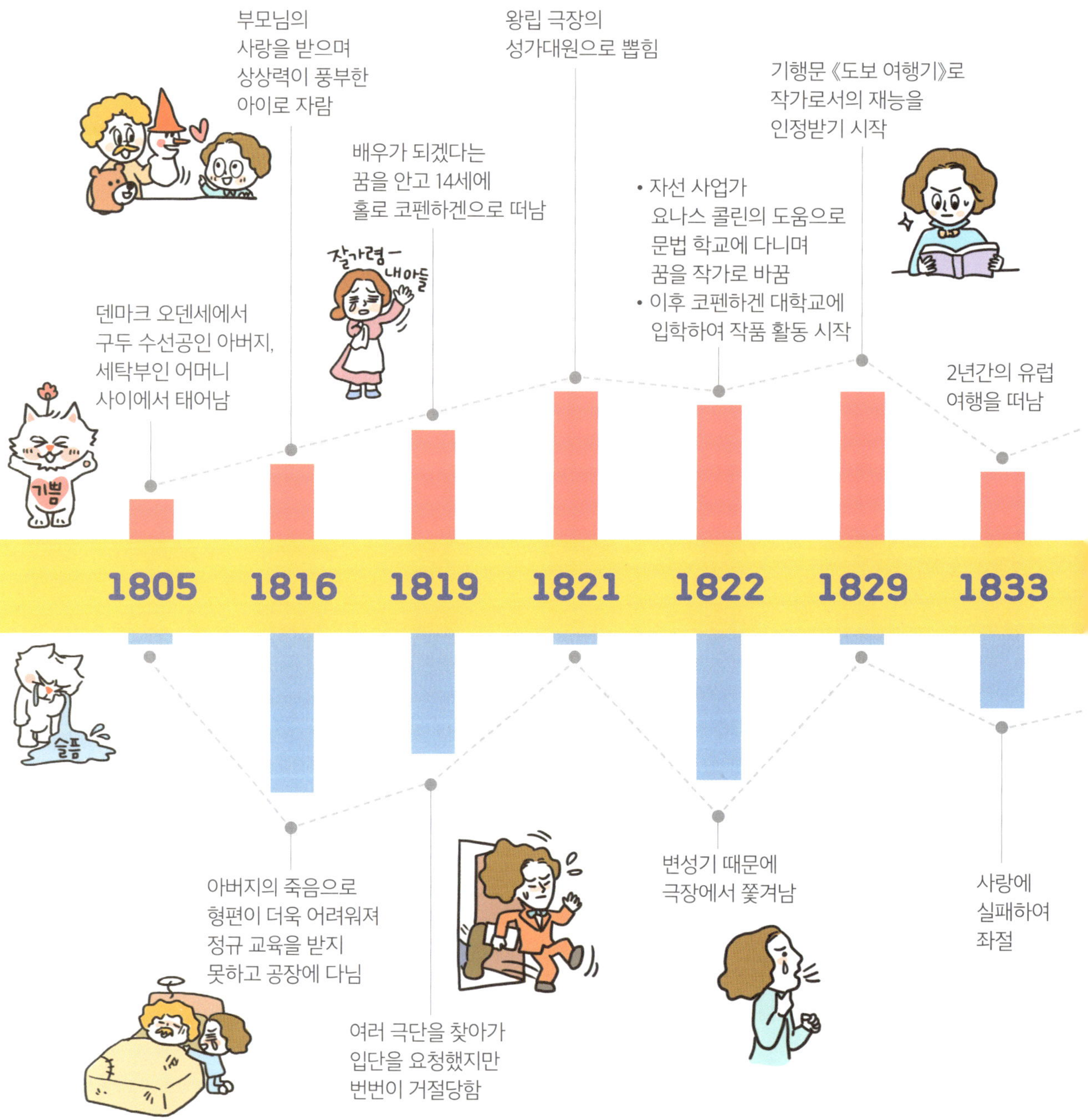

- **1805**: 덴마크 오덴세에서 구두 수선공인 아버지, 세탁부인 어머니 사이에서 태어남
- **1816**: 아버지의 죽음으로 형편이 더욱 어려워져 정규 교육을 받지 못하고 공장에 다님
- **1819**: 배우가 되겠다는 꿈을 안고 14세에 홀로 코펜하겐으로 떠남 / 여러 극단을 찾아가 입단을 요청했지만 번번이 거절당함
- **1821**: 왕립 극장의 성가대원으로 뽑힘
- **1822**: 변성기 때문에 극장에서 쫓겨남 / 자선 사업가 요나스 콜린의 도움으로 문법 학교에 다니며 꿈을 작가로 바꿈 · 이후 코펜하겐 대학교에 입학하여 작품 활동 시작
- **1829**: 기행문 《도보 여행기》로 작가로서의 재능을 인정받기 시작
- **1833**: 2년간의 유럽 여행을 떠남 / 사랑에 실패하여 좌절

- 유럽 여행을 토대로 쓴 소설 《즉흥시인》을 발표하여 이름이 알려지기 시작
- 최초의 동화집 《아이들을 위한 동화》 발표 이후 해마다 크리스마스에 맞춰 동화책 발간

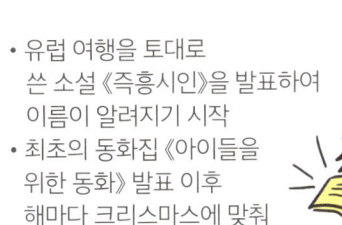

〈성냥팔이 소녀〉, 〈빨간 구두〉 등을 발표

〈인어 공주〉, 〈벌거벗은 임금님〉 등을 발표

〈미운 오리 새끼〉, 〈나이팅게일〉 등을 발표

고향 오덴세의 명예시민으로 48년 만에 방문하여 고향 사람들의 환호에 감격의 눈물을 흘림

나는 아동 문학뿐만 아니라 시와 소설, 기행문, 희곡 등 다양한 분야에서 활동했어!

1835 1837 1843 1845 1867 1872 1875

코펜하겐의 랜드마크인 인어 공주 상은 안데르센의 동화를 사랑하는 많은 관광객들이 찾는 곳이야.

건강이 악화되어 나날이 쇠약해짐

130여 편의 보석 같은 동화를 남긴 채 70세의 나이로 눈을 감음

주변 사람이 힘들어

빈센트 반 고흐 (1853~1890)
친구랑 밤새도록 싸웠다고?

슬퍼요 65,297개

고흐 #프랑스 아를 #화가 공동체 #고갱 #성격 차이 #싸우다 지쳐
고갱과 아를의 노란 집에서 함께 지낸 지 한 달이 넘었다. 고갱이 이곳을 떠날까 봐 불안하다.

1888년, 고흐는 프랑스 남부의 작은 도시 아를에 내려와 따뜻한 집을 얻었어. 그리고 그곳으로 고갱을 불러 함께 그림을 그리기 시작했지. 둘은 아를의 이곳저곳을 돌아다니고, 예술에 대해 토론하며 즐거운 시간을 보냈어. 그러나 정반대의 성격 탓에 점차 사이가 삐걱거리며, 격렬하게 싸우는 날이 잦아졌지. 결국 둘의 싸움이 극에 달한 어느 날, 고흐는 자신의 귓불을 자르고 말았어. 과연 고흐와 고갱은 앞으로도 함께 그림을 그릴 수 있을까?

🐰 소곤소곤~ 뒷이야기

콕콕 짚고 가자!
*테오 반 고흐(1857~1891)는 고흐의 동생이자 든든한 후원자였어. 그림을 파는 미술상이었던 테오는 약 10년 동안 고흐에게 생활비를 부쳐 주고, 고흐의 그림을 팔기 위해 노력했지. 고흐는 테오에게 650통이 넘는 편지를 보내며 의지했고, 테오는 그 편지를 죽을 때까지 간직했어.

어떻게 됐을까?
고흐가 귓불을 자른 다음 날 고갱은 아를을 떠나고 말았어. 두 달이라는 짧은 시간 동안 고흐는 기억에 의존해서 그리는 방법을, 고갱은 감정을 담아 강렬하게 표현하는 방법을 서로에게서 배웠어. 비록 사이가 틀어졌지만 고흐가 죽은 뒤, 고갱은 자신의 오두막 앞에 해바라기를 심어 고흐를 추억했다고 해.

태양의 화가, 고흐

고흐는 무명 화가로 평생 외롭고 고단한 삶을 살았어. 세상을 떠난 뒤에야 세계적인 예술가로 인정받기 시작했지. 10년 동안 2천여 점의 작품을 남길 정도로 그림에 열성적이었어. 정규 미술 교육도 받지 않고, 선생님도 없이 모든 걸 혼자서 이루어 낸 거야.

해바라기의 화가

▲ 〈해바라기〉, 1888년

고갱이 아를에 온다는 소식에 기뻐하며 그린 작품이야. 노란색은 고흐에게 희망을 상징해. 그래서 아를의 집도 노란색으로 칠했지. 고갱도 좋아한 이 그림 덕에 '태양의 화가'라고 불리게 됐어.

생전에 팔린 유일한 작품

▲ 〈아를의 붉은 포도밭〉, 1888년

고갱과 함께 살 때 그린 작품이야. 석양이 땅을 보라색으로, 포도 잎을 붉은색으로 물들일 때 그렸지. 테오에게 고마운 마음을 담아 선물한 덕에 고흐가 살아 있을 때 팔린 유일한 작품이 되었지.

상처와 열정이 담긴 자화상

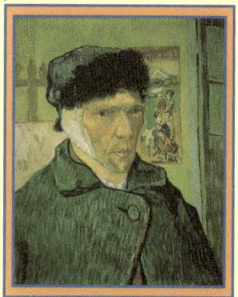

▲ 〈귀에 붕대를 감은 자화상〉, 1889년

귀를 치료한 뒤, 어리석은 행동을 반성하며 귀에 붕대를 감은 모습 그대로 그렸어. 고흐는 죽기 전 5년 동안 무려 40점이 넘는 자화상을 그렸는데, 가난 때문에 그릴 수 있는 인물은 주변 사람이거나 고흐 자신이었기 때문이야.

조용하면서도 신비로운 밤하늘

▲ 〈별이 빛나는 밤〉, 1889년

생레미 정신 병원에서 창문 밖의 밤 풍경에 상상을 더해 표현한 작품이야. 보색인 남색과 노란색을 함께 써서 더욱 강렬해 보이지. 타오르는 불길 같은 사이프러스 나무와 소용돌이치는 구름에서 고흐의 고독과 불안이 느껴져.

고흐의 일대기

1853 네덜란드의 작은 마을 준데르트에서 목사 집안의 장남으로 태어남

1857 동생 테오 반 고흐가 태어난 해

1869 학업을 그만두고 화랑에 취직하여 헤이그, 런던, 파리에서 일함

1872 이때부터 동생 테오와 평생에 걸쳐 편지를 주고받음

1876 화랑에서 해고되어 고향 네덜란드로 돌아옴

▲ 감자 먹는 사람들, 1885년

1885 〈감자 먹는 사람들〉 그림

1880
- 27세에 화가의 삶을 시작
- 동생 테오가 생활비를 주기 시작

1878 탄광촌에서 전도사로 일함

1886 테오와 파리에서 함께 생활하며 고갱을 포함한 여러 화가들을 만남

형의 죽음에 괴로워하던 테오도 건강이 악화되어 6개월 뒤에 숨을 거둬.

1888
- 파리를 떠나 아를에서 고갱과 공동 작업 시작
- 〈해바라기〉, 〈아를의 붉은 포도밭〉 등을 그림

1889
- 생레미 정신 병원에 제 발로 입원
- 〈귀에 붕대를 감은 자화상〉, 〈별이 빛나는 밤〉 등을 그림

1890
- 오베르로 이주하여 치료를 받음
- 7월, 37년의 생을 스스로 마감

주변 사람이 힘들어

• 이중섭(1916~1956)

그림 팔아 번 돈을 다 날렸다고?

♥ 💬 ✈ 아껴요 9,265,381개   🔖

이중섭 #그림값 탕진 #술값은 500원 #낸 돈은 1,000원
빨리 돈 모아서 가족들 만나고 싶다. 그나저나 그림 판 돈으로 뭘 하지? 옳지, 술 먹어야지!

    우리나라를 대표하는 화가 이중섭은 극심한 가난 때문에 아내와 두 아들을 일본으로 떠나보냈어. 그림을 많이 팔아서 가족과 함께 살 날을 꿈꿨지. 이중섭의 그림은 보는 사람마다 감탄했고 곧잘 팔렸어. 그런데 그림을 판 돈을 한 푼도 못 모았지 뭐야? 벌 때마다 술값으로 탕진하거나 어려운 친구들을 빌려준 거야. 그러다 보니 가족과 함께 살 수 있다는 희망은 점점 멀어지고 있었어. 과연 이중섭은 다시 가족들을 한국으로 데려올 수 있을까?

🗨 소곤소곤~ 뒷이야기

후배 차근호*
형, 축하해. 화가들 사이에서 형의 작품이 화제라며. 미술품 수집가들도 형의 작품을 사려고 경쟁이 심하대.**

이중섭
고마워! 오늘도 그림 한 점을 팔았어. 형이 거하게 한턱 낼 테니 나와.

후배 차근호
돈 좀 아껴. 그러다 술값으로 다 쓰겠어.

이중섭
맞아, 실은 아내가 너무 그리워. 애들한테도 자전거 사 주기로 약속했는데…. 아빠 얼굴 잊어버리기 전에 데려와야 해.

후배 차근호
힘내! 이대로라면 곧 가족들과 함께 살 수 있을 거야.

이중섭
우울해서 술 한잔 마셔야겠다. 얼른 나와, 근호야!

후배 차근호
못 말려 정말.

콕콕 짚고 가자!
*차근호(1925~1960)는 조각가로, 이중섭을 친형처럼 따랐어.
**1954년, 경복궁 미술관에서 대한미술협회전이 열렸어. 이중섭의 〈달과 까마귀〉는 국방부 정훈국 국장과 미국 공보원장이 서로 사겠다며 협상할 정도였지.

어떻게 됐을까?
이중섭은 1955년, 두 번의 개인전을 열었지만 여러 가지 문제로 그림이 잘 팔리지 않았어. 그 무렵부터 음식을 거부하고, 누군가 자신을 노리고 있다며 숨는 등의 이상 증세를 보이지. 결국 1956년, 가족들을 끝내 데려오지 못하고 병실에서 홀로 쓸쓸한 죽음을 맞았어.

고난 속에서도 예술혼을 불태운 화가, 이중섭

이중섭은 일제 강점기, 광복, 한국 전쟁 등 혼란스러운 시대를 거치면서도 독특한 표현 기법으로 새로운 예술 세계를 창조했어. 짧은 생을 살았지만 그의 작품은 우리 곁에 남아 감동을 주고 있지.

소의 화가

▲ 〈흰 소〉, 1954년경

나는 나라를 잃은 우리 민족의 분노와 저항을 소의 모습에 담았어. 소를 너무 열심히 관찰한 탓에 소도둑으로 몰린 적도 있었지.

은종이 그림

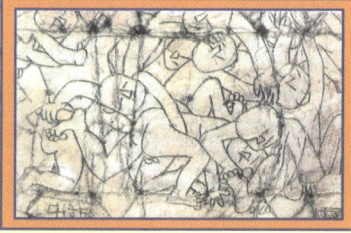

▲ 〈은지화〉, 연도 미상

담뱃갑을 싸는 은종이에 그림을 그렸어. 송곳으로 긁은 그림 위에 물감을 칠하고 천으로 닦으면 선이 도드라진 독특한 그림이 돼.

다정한 남편과 아버지

▲ 〈부인에게 보낸 편지〉, 연도 미상

일본에 있는 가족들을 그리며 수많은 편지를 보냈어. 일본어에 익숙한 아내와 아이들을 위해 모두 일본어로 써 내려갔지. 편지 귀퉁이에 아이들을 위한 그림을 그려 넣으며 그리움을 달랬어.

맑은 영혼의 소유자

▲ 〈애들과 물고기와 게〉, 1950년경

가족들과 함께 제주도에 살던 시절, 배가 고파서 바닷게를 많이 잡아먹었어. 그런데 지나고 보니 바닷게에게 몹쓸 짓을 한 것 같아서 슬펐지. 그래서 내 그림에는 바닷게와 노는 장면이 많아.

이중섭의 일대기

1916
평안남도에서 부유한 지주의 막내로 태어남

1931
미국에서 미술을 공부한 교사를 만나 많은 습작을 남김

1936
일본 도쿄의 제국 미술 학교 서양화과에 입학

1937
도쿄 문화 학원으로 학교를 옮김

1941
일본에서 활동하던 조선 화가들과 '신미술가 협회'를 만들고, 전시회를 열어 우리나라 미술을 일본에 알림

1943
북한의 원산에 머물며 작업에 몰두함

1945
학교 후배 마사코와 원산에서 결혼식을 올리고, 이남덕이라는 한국 이름을 지어 줌

일제로부터 해방된 해

1950
한국 전쟁이 일어나 가족과 함께 부산으로 피난

1951
봄에 가족과 함께 제주도로 건너갔다가 겨울에 다시 부산으로 올라옴

1952
생활고를 겪으며 아내와 아이들을 일본으로 떠나보냄

1953
시인 구상의 도움으로 일본에 있는 가족을 만나고, 7일 만에 돌아옴

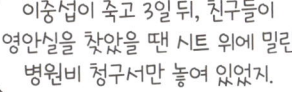
이중섭이 죽고 3일 뒤, 친구들이 영안실을 찾았을 땐 시트 위에 밀린 병원비 청구서만 놓여 있었지.

1954(?)
〈흰 소〉 그림

1955
• 서울 미도파 화랑에서 개인전을 엶
• 대구에서 개인전을 열고, 정신 이상으로 병원에 입원

1956
영양실조와 간염으로 입원하여 41세에 쓸쓸히 눈을 감음

주변 사람이 힘들어

스티브 잡스 (1955~2011)
몸에서 구린내가 나는 채식주의자라고?

싫어요 944,511개

스티브 잡스 #채식주의자 #샤워 안 해! #채식하면 냄새 안 나
왜 내가 지나가면 모두들 코를 막지? 코가 아픈가 봐. 그러게 나처럼 채식을 해야지!

    IT 업계의 혁신가 스티브 잡스는 채식주의자였어. 야채와 과일만 먹으면 몸에서 나는 냄새도 막을 수 있다고 믿으며, 여러 주 동안 샤워를 안 하기 일쑤였지. 그러던 19살의 어느 날, 잡스는 노숙자 같은 차림에 샌들을 신고 구린내를 풍기며 게임 회사 '아타리'를 찾았어. 자신을 직원으로 써 달라고 막무가내로 떼쓰기 위해서였지. 잡스는 자신을 채용할 때까지 한 발자국도 움직이지 않겠다며 엄포를 놓았어. 과연 잡스는 아타리에 취업해 동료들과 어울릴 수 있었을까?

소곤소곤~ 뒷이야기

 동료
잡스, 회의를 좀 하자.

스티브 잡스
좋아, 내가 자네 자리로 갈까?

 동료
아, 아니야! 오지 마. 난 톡으로 회의하는 걸 좋아해!

스티브 잡스
전염병 환자도 아닌데 왜 자꾸 날 피해?

 동료
왜 그러는지 정말 모르는 거야? 자네한테서 나는 고약한 냄새 때문에 일에 집중이 안 돼!

스티브 잡스
말도 안 돼! 사과 같은 과일 위주의 채식을 하면 냄새가 안 나서 샤워를 할 필요가 없어.

 동료
말이 안 통하는 친구군. 아무튼 자네가 씻지 않는다면 난 함께 일할 수 없네!

어떻게 됐을까?

아타리에서 스티브 잡스와 함께 일하게 된 엔지니어는 고약한 냄새와 다루기 힘든 성격 때문에 상사에게 항의를 했어. 결국 잡스는 다른 직원들이 퇴근한 뒤, 밤에 일을 하게 되었지.
2년 뒤, 잡스는 좋아하는 과일인 사과의 이름을 따 '애플'이라는 회사를 직접 차렸어.

이런 일도 있었대!

스티브 잡스는 스트레스를 푼다며 변기에 발을 담그기도 했대. 또 수많은 검은색 터틀넥과 청바지, 운동화를 사서 입으며 매일 같은 스타일을 고집했지. 지금은 '잡스 룩'이라는 말이 탄생하며 잡스의 상징이 되었어.

그래도 이건 최고야!

디지털 시대 혁신의 아이콘, 스티브 잡스

1977

애플Ⅱ는 개인용 컴퓨터의 대중화를 이끌었어. 키보드, 메인보드, 전원 장치가 일체형이고, 다양한 주변 장치 연결이 가능해.

1984

매킨토시는 복잡한 명령어 대신 화면에 표시된 아이콘을 마우스로 누르면 작동했어. 사용할 수 있는 소프트웨어가 부족한 점 때문에 판매량이 급감했지.

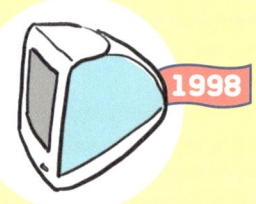
1998

아이맥은 본체와 모니터가 결합된 일체형으로, 내부가 들여다보이는 혁신적인 디자인과 화려한 색깔이 특징이야.

2010

스마트폰과 노트북의 중간 지대를 공략해 아이패드라는 새로운 시장을 만들어 냈어!

2001

아이팟은 단순한 사용법과 예쁜 디자인을 가진 휴대용 디지털 음악 플레이어야.

2008

앱스토어는 전 세계 개발자들이 응용 프로그램을 만들어 판매하도록 한 콘텐츠 장터야.

2007

21세기 최고의 발명품이라 평가받는 아이폰! 휴대 전화와 노트북, 음악 플레이어의 기능을 합쳤고, 이후에 앱스토어와 결합해서 스마트폰 혁명을 이루어 냈지.

잡스의 일대기

1955 미국 샌프란시스코에서 미혼모의 아들로 태어나 양부모에게 입양됨

1969 친구의 소개로 스티브 워즈니악과 만남

우리는 친구! / 내가 5살 많은 형이란다. / 잡스 / 워즈니악

1974 게임 회사 아타리에 취직

1976
• 21세에 워즈니악과 '애플' 창업
• 첫 컴퓨터 '애플I' 출시

1985
• 새 컴퓨터 '리사'와 '매킨토시'의 연이은 실패로 인해 애플에서 쫓겨남
• 컴퓨터 회사 '넥스트' 창업

1986 애니메이션 제작사인 '픽사'를 사들임

1995 최초의 장편 3D 애니메이션 〈토이 스토리〉 대성공

1997 경영난을 겪던 애플로 돌아와 빌 게이츠가 경영하던 '마이크로소프트'와 제휴

1998 '아이맥'을 출시하고, 4개월 만에 80만 대가 팔리는 대성공을 거둠

2001 '아이팟' 출시

2004 췌장암 수술을 받음

2007 '아이폰'을 출시하고 신드롬을 일으킴

2010 태블릿 PC '아이패드' 출시

2011
• 건강 악화로 애플 CEO직 사임
• 56세의 나이로 세상을 떠남

한 우물은 너무 좁아

레오나르도 다빈치 (1452~1519)

레오나르도 다빈치가 요리사라고?

♥ 💬 📍 놀라워요 3,158,291개   🔖

레오나르도 다빈치 #요리를 사랑한 화가 #주방장 승진 #파격 요리 #건강식
고기를 많이 먹는 건 건강에 안 좋아! 나는 담백한 야채를 멋스럽게 꾸며서 내놓을 거야!

　레오나르도 다빈치는 공방 수습생 시절 '세 마리 달팽이' 식당의 종업원으로 일하다가 운 좋게 주방장이 됐어. 주방에서도 창의력을 발휘하던 다빈치는 식당 메뉴를 확 바꿔 버렸어. 고기를 뺀 담백한 음식이 손님상에 올랐지. 당근 네 조각과 소금에 절인 멸치인 안초비 한 마리를 접시에 예술적으로 담아 내놓은 거야. 기름진 고기 위주의 음식을 푸짐하게 먹었던 당시 사람들에게는 매우 낯설게 느껴졌어. 다빈치의 요리는 이대로 실패하는 걸까?

😮 소곤소곤~ 뒷이야기

식당 주인: 주방장, 언제까지 그 괴상한 요리를 만들 건가?

레오나르도 다빈치: 괴상하다니요! 야채가 얼마나 몸에 좋은데요.

식당 주인: 매상이 뚝 떨어졌다고! 다시 기름진 예전 메뉴로 당장 돌려놔!

레오나르도 다빈치: 그렇다면 빵 사이에 볼로냐산 순대를 넣어 영양을 보충할게요. 사람들도 곧 제 요리를 알아줄 거예요.

식당 주인: 순대가 주인공이 되도록 듬뿍 넣게나. 모양새나 건강 따지지 말고 푸짐하게!

레오나르도 다빈치: (묵묵부답)….

식당 주인: 어휴, 저 옹고집!

어떻게 됐을까?

'세 마리 달팽이' 식당에 손님이 끊기자 다빈치는 스스로 그만두고 친구 산드로 보티첼리와 식당을 열기도 했어. 결국 요리사로서 최고의 명예인 궁정 연회 담당자가 되어 30년 동안 일했지. 스파게티도 다빈치가 개발한 요리야. 스파게티를 편하게 먹기 위해 삼지창 모양의 포크까지 만들었어.

이런 일도 있었대!

요리에 빠진 다빈치는 본업인 그림을 게을리하기도 했어. 산타 마리아 델레 그라치에 성당의 벽화 〈최후의 만찬〉은 무려 2년 9개월 만에 완성했는데, 실제로 그림을 그린 기간은 3개월 뿐이었지. 나머지 시간은 포도주와 음식을 먹고, 상 위에 어떤 음식을 그릴지 고민하며 보냈다고 해.

다재다능한 천재 **레오나르도 다빈치**의 발명품

다빈치는 〈모나리자〉, 〈최후의 만찬〉을 그려 르네상스 미술을 완성시킨 화가야. 발명, 조각, 건축, 해부학, 수학, 과학, 음악 등 수많은 분야에서도 활약했지. 특히 다빈치의 발명품은 시대를 앞선 탓에 당시에는 그 가치만큼 인정받지 못했지만 오늘날 과학 문명의 토대를 닦았어.

나는 발명 노트에 수많은 스케치를 그려 놓았지!

다빈치의 발명품은 오늘날 어떤 모습일까?

▲ 헬리콥터

▲ 낙하산

▲ 장갑차

▲ 자전거

다빈치의 일대기

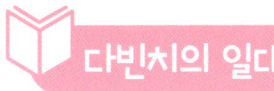

피렌체는 토스카나 지방의 중심 도시로, 르네상스 문화가 꽃핀 곳

1452 이탈리아 토스카나의 시골 마을 빈치에서 태어남

1466 피렌체의 화가 안드레아 델 베로키오의 수습생이 됨

1472 피렌체 화가 조합의 정식 회원이 됨

1473 '세 마리 달팽이' 식당에서 일하기 시작

1478 보티첼리와 '산드로와 레오나르도의 세 마리 개구리 깃발' 식당을 엶

1482 피렌체를 떠나 밀라노로 감

1483 '헬리콥터' 스케치

1489 인체 해부학에 관심을 가지고 공부를 시작함

▲ 최후의 만찬, 1495~1497년

1495~1497 산타 마리아 델레 그라치에 성당 벽면에 〈최후의 만찬〉 그림

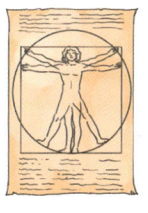

1500 프랑스 군대의 밀라노 침공으로 피렌체로 돌아옴

▲ 모나리자, 1503~1506년

1503~1506 〈모나리자〉 그림

1517 프랑스의 왕 프랑수아 1세의 초청을 받아 프랑스로 떠남

1519 프랑수아 1세의 품 안에서 67세의 나이로 영원히 잠듦

한우물은 너무 좁아

마이클 조던(1963~)

농구 황제 마이클 조던이 야구 선수였다고?

♡ 💬 ✈︎ 힘내요 1,290,511개 🔖

마이클 조던 #농구 돌연 은퇴 #새로운 인생 #야구 선수 #삼진 아웃
스포츠 잡지˚ 표지에 야구 선수로서의 내 모습이 실렸는데…, 나더러 짐을 싸라고?

　농구 황제 마이클 조던의 아버지는 1993년, 10대 소년 두 명에게 강도를 당해 목숨을 잃었어. 충격적인 것은 범인들이 조던의 이름을 딴 값비싼 운동화를 사기 위해 강도 짓을 벌였다는 거야. 슬픔에 빠진 조던은 야구 선수가 되어 아버지의 꿈을 대신 이루겠다고 약속했던 어린 시절이 떠올랐어. 그래서 돌연 농구계 은퇴를 선언하고 야구 선수가 되었지. 하지만 조던의 야구 경기는 헛스윙의 연속이었어. 조던은 계속 야구 선수로 남을 수 있었을까?

˚마이클 조던은 자신을 조롱한 잡지 '스포츠 일러스트레이티드' 기자들과는 말을 섞으려고 하지 않았어.

🗨 소곤소곤~ 뒷이야기

아버지 친구: 조던, 오랜만이야. 야구 경기는 잘 봤단다.

마이클 조던: 안녕하세요, 아저씨? 모두 저한테 손가락질하는걸요.**

아버지 친구: 음, 꼭 해 주고 싶은 말이 있어서…. 네 아버지는 네가 농구 선수라는 사실을 무척 자랑스러워하셨단다.

마이클 조던: 그렇지만 저는 아버지의 꿈을 대신 이뤄 드리고 싶었어요.

아버지 친구: 아버지는 하늘에서도 네가 다시 농구 팀에서 뛰는 모습을 보고 싶어 할 거야.

마이클 조던: 네, 그렇다면 농구 선수로 돌아가겠어요. 야구는 제 길이 아닌 것 같아요.

아버지 친구: 공백기가 있었지만 부지런히 연습하면 곧 실력이 돌아올 거야. 아버지 몫까지 응원하마!

콕콕 짚고 가자!

**마이클 조던은 1994년 시카고 화이트 삭스 팀 산하의 마이너 리그에 입단했어. 전국에서 야구 선수 조던을 취재하기 위해 기자들이 몰려들었지. 조던이 경기에 출전하는 날이면, 평소보다 수십 배나 많은 관중들이 야구장을 찾았어. 하지만 조던의 야구 실력은 별로 좋지 않았다고 해.

어떻게 됐을까?

아버지 친구를 통해 아버지의 진심을 깨달은 마이클 조던은 1995년 농구 선수로 복귀함과 동시에 팀을 우승으로 이끌었어. 황제가 귀환한 셈이었지. 조던은 야구 선수가 최고의 선택이었다고 해. 더 큰 열정을 가지고 농구 코트에서 맹활약할 수 있는 원동력이 되었기 때문이지.

그래도 이건 최고야!

농구 황제 **마이클 조던**과의 Q&A

마이클 조던은 총 1,072경기에 출전했고, 평균 득점은 30.1점으로 전설적인 기록이야. 지금은 은퇴를 했지만 사람들의 마음속에 가장 위대한 농구 선수로 기억되고 있어. 마이클 조던에게 궁금한 점을 물어보자!

Q 지금까지 세운 기록을 자랑해 주세요.

다른 선수들은 한 번도 되기 어려운 정규 시즌 최우수 선수(MVP)에 다섯 번 선정되었어. 또, 득점왕 자리에 열 번이나 올랐고, 하위권에 머무르던 우리 팀 '시카고 불스'를 여섯 번이나 우승으로 이끌었지.

Q 왜 등 번호가 '23'이에요?

어린 시절 나의 형은 농구를 무척 잘했어. 그런 형을 반만이라도 따라가자는 마음으로 형의 등 번호인 '45'의 절반, '23'을 선택했어. 이 번호는 나만의 번호라서 몇몇의 농구 팀에서는 영구 결번이 되었지.

Q 아저씨의 이름을 딴 운동화가 있던데요?

유명 스포츠 회사인 나이키에서 내 이름을 딴 농구화 '에어 조던'을 만들었어. 농구화 역사상 최초로 선수의 이름을 딴 제품이었지. 사실 처음에 에어 조던이 나왔을 땐 큰 기대를 얻지 못했지만 나의 활약 덕분에 세계적으로 선풍적인 인기를 끌었어.

Q 어린이 친구들에게 해 주고 싶은 말이 있어요?

농구 선수를 하며 9,000개가 넘는 슛을 놓쳤어. 또 300회에 가까운 경기에서 패배했지. 그런데 실패를 거듭하지 않기 위해 끊임없이 노력하니까 성공할 수 있었어. 나처럼 노력하면 너희들도 못할 일이 없을 거야!

조던의 일대기

에어 조던 농구화 출시

1963 미국 뉴욕의 브루클린에서 태어남

1982 노스캐롤라이나 대학교 농구 팀에 들어가 미국 대학 농구(NCAA)에서 팀을 우승으로 이끎

1984 21세에 미국 프로 농구(NBA) 소속 시카고 불스 팀에 들어감

1985 뛰어난 득점력으로 데뷔 첫해에 신인상을 받음

1991 시카고 불스의 첫 우승 이후 3년 연속 우승

1993 아버지의 사망 소식에 충격을 받고 은퇴 선언

1994 프로 야구 선수로 새 출발

1995 야구 선수를 그만두고 시카고 불스로 복귀

1996 시카고 불스가 다시 우승을 차지한 이후 3년 연속 우승

2000 워싱턴 위저즈 팀의 공동 구단주가 됨

2001 성적이 좋지 않자, 38세에 워싱턴 위저즈의 선수로 다시 뜀

조던은 명예의 전당 헌액식에서 소감을 말하며 뜨거운 눈물을 흘렸어.

2003 농구 선수로서 완전히 은퇴

2009 미국 프로 농구(NBA) 명예의 전당에 이름이 오름

2010 노스캐롤라이나의 농구 팀 샬럿 밥캐츠의 구단주가 됨

현재 샬럿 밥캐츠에서 이름이 바뀐 샬럿 호니츠의 구단주로 활동 중

이대로 끝이라고?

장영실(1390년경~?)

왕이 탈 가마가 부서졌다고?

슬퍼요 4,870,112개

장영실 #세종 #온천행 #가마 #제작 감독 #가마 파손 #불경죄
큰일 났다, 가마가 부서지다니! 전하가 안 다쳐서 다행이지만 뵐 면목이 없구나, 흑흑!

　장영실은 영특한 머리와 뛰어난 손재주로 세종의 총애를 받아 높은 벼슬에 오른 과학 기술자야. 세종이 온천에 타고 갈 가마를 제작하던 어느 날, 장영실의 눈에 부실한 부분이 보였어. 그래서 함께 감독을 맡은 조순생에게 가마가 튼튼한지 점검해 달라고 말했지. 조순생은 절대로 부서지지 않을 거라며 장영실을 안심시켰어. 그런데 아뿔싸! 시범 운행 중이던 가마가 우지끈 부서지고 말았어! 왕이 탈 가마를 제대로 만들지 못한 장영실의 운명은 어떻게 될까?

소곤소곤~ 뒷이야기

콕콕 짚고 가자!
*불경죄는 마땅히 높여야 할 사람에게 예를 갖추지 않는 죄를 말해.
**죄인에게 죄를 묻는 기관인 의금부에서는 '장영실이 가마를 견고하게 만들지 않아 부서지게 하였으니 곤장 100대를 쳐야 한다.'고 주장했어. 세종은 장영실의 벼슬을 거두고 대신 곤장을 80대로 낮추었지.

어떻게 됐을까?
같은 감독관이었던 조순생은 처벌을 받지 않았어. 그러나 벼슬에서 물러난 장영실은 자취를 감추어 어떻게 살았는지, 언제 죽었는지 알 수 없어. 가마 사건은 장영실을 보호하기 위해 세종이 꾸민 전략이라고 주장하는 사람도 있지. 명나라가 조선의 독자적인 천문 관측 기구를 알면, 그것을 만든 장영실이 위험해 질 수 있거든.

그래도 이건 최고야!

신분의 벽을 뛰어넘은 **천재 과학 기술자**

장영실은 세종의 적극적인 지원과 동료 과학자들과의 협력으로 수많은 기구를 만들었어. 그의 발명품은 조선의 과학 기술을 한층 더 발전시켰고, 주로 농사를 지으며 살았던 백성들의 생활에 큰 도움을 주었지.

조선 시대에는 아버지 신분과는 관계없이 어머니의 신분을 따라야 했어.

아버지
원나라에서 귀화

어머니
천민 신분의 기생

대표적 발명품

자격루
자동으로 소리를 내어 시간을 알려 주는 물시계

도움을 받은 사람들

세종
신분에 관계없이 마음껏 능력을 펼치도록 도움

앙부일구
백성들을 위해 시간을 그림으로 표시한 해시계

이천
무신이자 과학자로, 장영실의 영원한 스승

혼천의
별자리의 움직임에 맞게 도는 천체 관측 기구

간의
혼천의를 간략하게 만든 천체 관측 기구

이순지
천문학자이자 수학자로, 천문학적 계산의 대가

장영실

수표
강, 호수, 바다 등에 설치해 물 높이를 측정하는 기구

장영실의 일대기

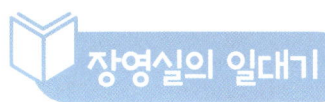

1390(?) 지금의 부산 동래구인 동래현에서 천민으로 태어남

1399(?) 관청의 노비가 됨

1410 세종의 아버지 태종 때 경상도 관찰사의 추천으로 궁중 기술자에 발탁

1418 세종 즉위 (1418~1450)

1421 천문 관측 기구를 배우기 위해 명나라로 유학

1423 노비 신분을 벗고 상의원 별좌에 임명

> 동래현 노비 시절에 심한 가뭄이 들었는데 강물을 끌어와 논에 대는 시설을 만들어 큰 공을 세웠어.

1433 '혼천의'를 만듦

1434 '자격루'와 금속 활자인 '갑인자'를 만듦

1437
- '대간의'와 '소간의'를 만듦
- '앙부일구'를 만듦

1438 혼천의와 자격루를 합친 '옥루'를 만듦

1441 '수표'를 만듦

1442 왕의 가마가 부서지는 사고로 벌을 받고 궁궐에서 쫓겨남

> 가마 사건이 나의 마지막 기록이란다!

? 그 뒤로 어떠한 기록에서도 장영실을 찾을 수 없음

이대로 끝이라고?

안토니 가우디 (1852~1926)

허름한 차림 때문에 병원에 안 데려갔다고?

♡ 💬 ⊽ 슬퍼요 550,937개   🔖

가우디 #교통사고 #전차 뺑소니 #택시 승차 거부 #병원 치료 거부
길을 걷고 있었는데 눈앞이 번쩍하더니 정신을 잃었다! 누가 날 병원에 데려다줘요!

    세계 최고의 건축가로 꼽히는 가우디는 1926년 6월 7일 저녁, 여느 때처럼 산책하다가 달려오는 전차에 치이고 말았어. 운전사는 행색이 초라한 가우디를 노숙자로 오해하고 길옆에 둔 채 떠나 버렸지. 지나던 사람들이 가우디를 병원으로 옮기려고 택시를 잡았지만 기사들은 허름한 차림의 늙은이를 태우려 하지 않았어. 몇 번의 승차 거부 끝에 겨우 병원에 도착했을 때는 이미 많은 시간이 흐른 뒤였지. 과연 가우디는 무사히 깨어날 수 있을까?

소곤소곤~ 뒷이야기

구엘 백작
가우디, 천국에 온 걸 환영하네만, 혼을 바쳐 짓던 성당**은 어찌하고 벌써 왔나?

가우디
구엘, 많이 보고 싶었어. 성당은 내 뒤를 이어 완성할 사람이 있을 거야. 그런데 사고 당한 날만 생각하면 안타까운 마음이라네.

 속상해

구엘 백작
병원에서 치료받기까지 많이 힘들었다면서?

가우디
내 옷차림을 보고 사람들이 도와주지 않았다네. 신분증도 없었고 주머니 속에는 건포도와 땅콩 몇 알뿐이었거든.

구엘 백작
그렇다고 천하의 가우디를 몰라보다니, 쯧쯧.

가우디
가령 실제 노숙자였다 해도 하찮게 보면 안 되는 것 아닌가?

구엘 백작
그들도 많이 깨달았을 걸세. 나도 겉모습만 보고 사람을 판단한 적이 많은데 반성하네.

 반성합니다

콕콕 짚고 가자!
*구엘 백작은 가우디의 친구이자 든든한 후원자였어. 부유한 집안의 사업가였던 구엘은 가우디의 천재성을 알아보고 가문의 모든 건축을 맡겼지. 두 사람의 우정은 1918년 구엘이 죽는 순간까지 계속되었어.
**가우디가 1884년부터 40여 년 동안 건축에 열정을 기울인 사그라다 파밀리아 성당이야.

어떻게 됐을까?
뒤늦게 지인들이 병원에서 중태에 빠진 가우디를 발견했어. 신원이 확인된 다음 개인 병실로 옮겨질 수 있었지. 3일 뒤, 가우디는 조용히 눈을 감았어. 가우디의 장례식에는 수많은 군중들이 모여 마지막 가는 길을 배웅해 주었지. 가우디의 묘는 사그라다 파밀리아 성당 지하 예배당에 세워졌어.

그래도 이건 최고야!

자연을 닮은 가우디의 건축

가우디에게 최고의 스승은 자연이었어. 하늘, 바다, 식물, 동물의 다양한 형태를 반영하고 곡선의 아름다움을 살려 독창적인 건축물을 남겼지. 그 유일무이한 가치를 인정받아 '유네스코 세계 문화유산에 가장 많은 건축물이 등재된 건축가'라는 영예를 안았어. 유네스코 세계 문화유산으로 등재된 가우디의 건축물을 만나 보자!

네 개의 돌 첨탑이 하늘을 찌를 것 같아.

사그라다 파밀리아 성당

'사그라다 파밀리아 성당'은 가우디가 남긴 최고의 걸작이야. 아직까지도 가우디가 남긴 설계도에 따라 공사 중이지. 매년 약 450만 명의 관광객이 찾는 명소야.

구엘 공원

'구엘 공원'은 전원주택 단지로 계획되었지만 지금은 공원으로 쓰이고 있어. 공원 곳곳에 장식한 형형색색의 타일 조각이 참 멋있지?

공원 안에는 가우디가 살았던 집이 있어!

카사 밀라의 벽면 어느 곳에서도 직선은 찾아볼 수 없지.

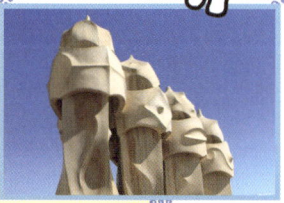

▲ 카사 밀라의 굴뚝

카사 밀라

마치 투구를 쓴 듯한 '카사 밀라' 굴뚝의 모습에서 영화 '스타워즈'의 악당 캐릭터가 탄생했어. 카사 밀라는 출렁이는 파도를 떠올리게 하는 대표적인 곡선 건축물이야.

가우디의 일대기

1852 스페인 카탈루냐의 레우스 지방에서 대장장이의 아들로 태어남

1873 바르셀로나 시립 건축 전문 학교 입학

1878
- 학교 졸업 후 건축사 자격을 얻음
- 파리 만국 박람회에 낸 진열장을 보고, 구엘이 찾아와 인연이 시작됨

1883 타일을 재료로 한 '카사 비센스'를 짓기 시작

1884 '사그라다 파밀리아 성당' 건축가로 임명됨

1886 '구엘 저택' 설계

1900
- '카사 칼베트'로 제1회 바르셀로나 최우수 건축상을 받음
- '구엘 공원' 설계

1904 뼈로 만든 집이라 불리는 '카사 바트요' 설계

▲ 카사 바트요

1906 '카사 밀라' 설계

▲ 카사 밀라

가우디의 건축물 이름에서 많이 보이는 카사(casa)는 스페인어로 '집, 가옥, 주택'이라는 뜻이야.

1918
- 40년간 든든한 후원자였던 구엘이 세상을 떠남
- '사그라다 파밀리아 성당'의 건축에만 전념

1925 '사그라다 파밀리아 성당'의 작업실로 이사

1926 전차에 치여 74세의 나이로 세상을 떠남

이대로 끝이라고?

마리 퀴리 (1867~1934)
방사능 물질을 주머니에 넣고 다녔다고?

♥ 💬 📍 조심해요 10,561,989개 🔖

마리 퀴리 #라듐 최초 발견 #방사능 연구 #I♥방사능 #자식 같은 라듐
우라늄 광석인 피치블렌드에서 초강력 방사능 물질인 '라듐' 발견! 정말 행복해.

 마리 퀴리는 '폴로늄'과 '라듐'이라는 방사능 물질을 발견한 업적으로 노벨상을 받았어. 세계 최초의 여성 노벨상 수상자이자 두 번의 노벨상을 받은 유일한 여성이지. 하지만 그런 똑똑한 마리도 강력한 방사능 물질인 라듐을 주머니에 넣고 다녔어. 마리가 연구하던 때에는 방사능 물질이 몸에 해롭다는 것을 몰랐거든.
 라듐이 이롭게 쓰일 수 있도록 연구하느라 몇 십 년 동안 방사능을 쬔 마리는 과연 건강했을까?

🗨 소곤소곤~ 뒷이야기

브로냐 언니
마리, 몸은 좀 어떠니?

마리 퀴리
언니, 온몸이 너무 아파.

브로냐 언니
평생 방사능* 연구만 하느라 네 몸을 돌보지 못해서 그래.

마리 퀴리
후회는 없어. 연구는 기쁜 일들의 연속이었거든. 우리 딸들만 좀 부탁해, 언니.

브로냐 언니
마리 네 덕분에 대학을 갔고 산부인과 의사가 되었어. 고마움을 다 갚지 못했는데….

마리 퀴리
언니 뒷바라지한 것은 옳은 선택이었어. 그래서 나도 대학에 갈 수 있었잖아.

브로냐 언니
넌 성품도 능력도 훌륭한 사람이야. 후대에 위대한 과학자로 길이길이 기억될 거야.

토닥토닥 내 동생!

콕콕 짚고 가자!

*어떤 원소는 불안정해서 안정한 상태가 되기 위해 내부 구조를 바꿔. 이 과정에서 빛을 뿜는데 빛을 내는 성질을 방사능이라 부르지. 마리 퀴리가 발견한 폴로늄과 라듐은 아주 강력한 방사능 물질이야. 특히 라듐은 암세포를 죽일 수 있어서 치료에 쓰이기도 했지만 오래 쬐면 암이나 백혈병 같은 병을 일으키기도 해.

어떻게 됐을까?

마리 퀴리는 방사능 물질에 심하게 노출되어 백내장을 얻고 거의 실명 상태가 되었어. 손가락은 움직일 수 없을 정도로 붓고 아팠지. 건강은 점점 나빠져 결국 1934년 7월 4일, 스위스의 요양원에서 조용히 눈을 감았어. 마리의 유품인 연구 공책과 논문에서는 지금도 방사능이 나온다고 해.

그래도 이건 최고야!

20세기 가장 위대한 여성 과학자, 마리 퀴리

마리 퀴리는 수천 번의 연구 끝에 순수한 라듐을 뽑아낸 집념의 과학자야. 마리 퀴리의 연구는 '방사능 시대'를 여는 데 기초를 마련했어. 그 결과 오늘날 방사능 물질은 우리의 생활 곳곳에서 유용하게 쓰이고 있어. 하지만 커다란 위험성도 있기 때문에 주의해야 해.

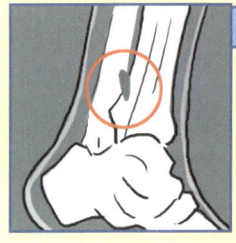

의학

엑스선은 방사능 물질에서 나오는 입자인 방사선의 한 종류야. 엑스선으로 사람 몸속을 찍는 사진이 바로 **엑스레이**(X-ray)지.

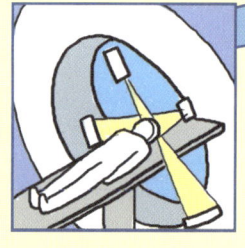

의학

방사선을 몸속에 쬐는 **방사선 치료**로 수술하지 않고도 몸속의 암세포를 억제하고 죽일 수 있어.

에너지

방사능 물질에 충격을 주면 엄청난 빛과 에너지를 내면서 쪼개져. 이런 성질을 이용해 열에너지를 만드는 곳이 **원자력 발전소**야.

범죄 수사

범죄를 수사할 때 방사선을 활용하면 증거를 파괴하지 않고도 높은 정확도로 분석할 수 있어.

고고학

'방사성 탄소 연대 측정법'은 화석과 유적에 남아 있는 방사능을 측정하여, 만들어진 때를 추정하는 방법이야.

문화재 관리

문화재에 방사선을 쪼이면 내부 구조와 결함을 쉽게 파악할 수 있어, 문화재를 보존하고 복원하는 데 효과적이야.

마리의 일대기

1867
- 폴란드의 바르샤바에서 막내딸로 태어남
- 과학 선생님인 아버지의 서재에서 실험 도구들을 보며 자람

1884
가정 교사를 하며 파리에서 공부 중인 브로냐 언니에게 학비를 보냄

1891
파리 소르본 대학교에 입학해 물리학을 공부

1893
물리학 수석 석사 취득

1895
프랑스 물리학자 피에르 퀴리와 결혼하여 프랑스 국적 취득

1897
앙리 베크렐의 논문을 읽고 방사능 연구 시작

0.1g의 라듐 화합물을 얻기 위해 8t의 광석을 분해했지!

1898
새로운 방사능 물질을 발견해 각각 '폴로늄'과 '라듐'이라 이름 붙임

1902
피치블렌드에서 라듐 화합물을 뽑아냄

1903
방사능을 연구한 공로로 피에르 퀴리, 앙리 베크렐과 함께 노벨 물리학상을 받음

1906
- 피에르 퀴리가 마차 사고로 세상을 떠남
- 남편의 뒤를 이어 소르본 대학교의 물리학 교수가 됨

1911
순수한 라듐을 뽑아낸 공로로 노벨 화학상을 받음

맏딸 이렌 졸리오퀴리와 사위 프레데리크 졸리오퀴리는 인공 방사능을 발견하여 1935년에 노벨 화학상을 받았어. 둘째 사위 헨리 라부아스 주니어도 1965년 유니세프를 대표하여 노벨 평화상을 받으며, 한집안에 노벨상 수상자가 다섯 명이 됐지.

1914
제1차 세계 대전이 일어나자 엑스선으로 부상병 치료

1921
미국 제29대 대통령 하딩으로부터 라듐 1g을 선물받음

1934
백혈병으로 67세에 남편 곁에 묻힘

사진 자료 제공 기관명

16쪽 화성성역의궤·목민심서: 한국학중앙연구원
24쪽 노예 해방 선언문: 위키피디아, 링컨 기념관 동상: 셔터스톡
28쪽 축음기·탄소 필라멘트 전구: 셔터스톡
40쪽 다비드상: 셔터스톡, 카시나의 전투·천지창조: 위키피디아
56쪽 바닷가재 전화기: ⓒ akg-images/게티이미지코리아, 달리 극장 박물관: 셔터스톡
69쪽 어린이 창간호 표지: 한국방정환재단
80쪽 베토벤의 현악 사중주곡 제14번 친필 악보·하일리겐슈타트의 유서: 위키피디아
85쪽 인어 공주 상: 셔터스톡
88~89쪽 아를의 붉은 포도밭·감자 먹는 사람들: 위키피디아
92쪽 부인에게 보낸 편지: 국립현대미술관
100~101쪽 헬리콥터 스케치: 셔터스톡, 낙하산 스케치·장갑차 스케치·자전거 스케치·최후의 만찬: 위키피디아
108쪽 수표: 문화재청
112~113쪽 구엘 공원·카사 바트요: 셔터스톡

작품 저작권

ⓒ Salvador Dalí, Fundació Gala-Salvador Dalí, SACK, 2019

인물 톡톡,
앗! 나의 실수

초판 1쇄 발행 2019년 10월 30일

글 최옥임 | **그림** 김소희

발행인 오형석
편집장 이미현 | **기획·편집** 정수경 신지원 | **디자인** 이현주
발행처 ㈜계림북스
신고번호 제2012-000204호 | **등록일자** 2000년 5월 22일
주소 서울시 마포구 창전로 74 여촌빌딩 3층
대표전화 (02)-7079-900 | **팩스** (02)-7079-956
도서문의 (02)-7079-913
홈페이지 www.kyelimbook.com

ⓒ 계림북스, 2019
이 책에 실린 글과 그림, 사진의 무단 전재나 복제를 금합니다.